**rowohlts
monographien
herausgegeben
von
Kurt Kusenberg**

Carl Maria von Weber

in Selbstzeugnissen
und Bilddokumenten
dargestellt von
Michael Leinert

Rowohlt

Dieser Band wurde eigens für «rowohlts monographien» geschrieben
Den Anhang besorgte der Autor
Herausgeber: Kurt Kusenberg · Redaktion: Beate Möhring
Umschlagentwurf: Werner Rebhuhn
Vorderseite: Carl Maria von Weber. Gemälde von Caroline Bardua
(National-Galerie, Berlin)
Rückseite: Weber dirigiert den «Freischütz» in Covent Garden.
Zeichnung von J. Hayter, 1826

Veröffentlicht im Rowohlt Taschenbuch Verlag GmbH,
Reinbek bei Hamburg, Juli 1978
Copyright © 1978 by Rowohlt Taschenbuch Verlag GmbH,
Reinbek bei Hamburg
Alle Rechte an dieser Ausgabe vorbehalten
Satz Times (Linotron 505 C)
Gesamtherstellung Clausen & Bosse, Leck/Schleswig
Printed in Germany
680-ISBN 3 499 50268 2

Inhalt

Weber. Gemälde von Ferdinand Schimon, 1825

Carl Maria von Weber heute

«Weber kam auf die Welt, um den Freischütz zu schreiben.»[1]* Nicht erst seit jenem 5. Juni 1926, als Hans Pfitzner in seiner Rede zum 100. Todestag Carl Maria von Webers diesen Satz aussprach, geistert das Wort von Weber, dem *Freischütz*-Komponisten, durch die Hirne der Opernintendanten, Konzertveranstalter, Musiker und Interpreten ebenso wie durch die der Musikliebhaber. Denn von einigen Schallplatteneinspielungen und Hörfunksendungen abgesehen ist Weber heute im Konzertsaal recht selten, auf der Opernbühne nur mit dem *Freischütz* vorhanden. Seinem sicher geistreich gemeinten, aber folgenschweren Satz, der charakteristisch für die Einschätzung Carl Maria von Webers bis in unsere Zeit geblieben ist, hat der Komponist des «Palestrina» einen nicht eben minder anfechtbaren vorausgeschickt: «Webers Sendung war eine nationale – sie galt der Freiheit und Weltgeltung des Deutschtums, die er auf dem Felde der Musik eroberte. Sie war aus demselben Geiste wie vor ihm die Luthers, wie nach ihm die Bismarcks, wenn auch weniger weltumwälzend, ihrer zarteren Natur nach.»[2]

Weber – ein Bismarck der Musik? Eine doch wohl sehr abwegig konstruierte Verbindung, aber eine deswegen nicht ungefährlichere, die Spekulationen hervorrufen und in die ebenso dumme wie unzutreffende Folgerung: Weber/Bismarck – Wagner/Hitler ausufern könnte.

In diesem Zusammenhang ist es sicher kaum noch erstaunlich, zu erfahren, daß eine 1922 erschienene Weber-Biographie, die 1944 in 15. Auflage neu herausgegeben wurde, die den Komponisten diskriminierende Widmung trägt: «Den Vorkämpfern Deutschen Wesens und Deutscher Art.»[3]

Dieses gestrige Gedankengut hat sich allerdings nicht leicht verdrängen lassen. Motivisch variiert taucht es fünfzig Jahre nach Pfitzners Rede in einer großen, überregionalen deutschen Tageszeitung wieder auf. Aus Anlaß des 150. Todestages des Komponisten Carl Maria von Weber war dort unter anderem zu lesen: «Wo die hierarchischen Unterschiede zwischen Aristokratie und ständisch gegliedertem Bürgertum abgebaut sind, und wo man nicht einmal mehr einen Begriff von solcher Vergangenheit hat, da ist der *Freischütz* unmöglich geworden. Und wo man eine Nationaloper und deutsche Musik für eine Ausgeburt des Chauvinismus hält, kann man sich mit Carl Maria von Weber nur schwer befreunden. Seine

* Die hochgestellten Ziffern verweisen auf die Anmerkungen S. 135 f.

Musik ist nämlich deutsch, und sie ist national. Sie ist dem Volk abgelauscht und hat einst das Singen dieses Volkes über die Kleinstaaterei hinweg geprägt. Deutsche Vergangenheit ist das Generalthema der Romantik, der Webers Schaffen zugehört. Metaphysik und Dämonie, das dumpfe Brodeln des Unterbewußtseins, was so charakteristisch für deutschen Geist und deutsche Seele ist, erfährt in Webers Musik zugespitzten und überhöhten Ausdruck. Solange wir uns dazu nicht bekennen mögen, lassen wir Weber besser in Ruhe, haben wir ihn nicht verdient.»[4] So geschrieben und publiziert 1976 in Deutschland!

Webers Bemühungen und Verdienste um die deutsche Oper sind unbestritten, aber sollten wir Weber nur deshalb schätzen, weil er ein deutscher Komponist war? Gottlob kann auch derjenige die Qualitäten seiner Musik entdecken und erkennen, der nicht als Deutscher geboren wurde, der nicht erfahren hat, was «deutsch sein» bedeutet . . .! Weitaus wichtiger als die Frage, ob Webers Musik «deutsch und national» ist, scheint mir die Feststellung zu sein, daß zum Beispiel Webers Instrumentalstil für die Entwicklung einer nachfolgenden Komponistengeneration, eines Chopin, eines Mendelssohn oder Liszt etwa, von Bedeutung war; daß ohne Webers Opern *Euryanthe* und *Oberon* der künstlerische Weg Richard Wagners wahrscheinlich anders verlaufen wäre; und auch die symphonischen Dichtungen von Hector Berlioz oder Richard Strauss zum Beispiel haben, was die Orchesterbehandlung betrifft, in Weber einen Initiator.

Webers treffende Kritik am Opernbetrieb und seine hieraus resultierenden konsequenten Reformen, seine besondere schriftstellerische Fähigkeit und vor allem sein kompositorisches Schaffen zielte zu keiner Zeit darauf ab, hybride persönliche oder gar nationale Machtansprüche via Kunst zu vertreten.

In Weber finden wir die einem Komponisten selten zugeeignete Gabe, als ausübender Musiker und praxisbezogener Theoretiker auch Wegbereiter sein zu können.

Wilhelm Heinrich Riehl (1823–97) schreibt in seinem lesenswerten Essay «C. M. von Weber als Klaviercomponist» nicht nur über den am Klavier «wie kein anderer experimentierenden» Komponisten, sondern charakterisiert auch seine Stellung in der kulturellen Situation des beginnenden 19. Jahrhunderts:

«Weber war nicht blos Musiker, er war zugleich Aesthetiker, Kritiker, Schriftsteller, er war Künstler im weiteren modernen Sinne. Auch hier ist er ein neuer Mann. Das achtzehnte Jahrhundert besaß zwar auch manchen schreibenden Musiker und manchen musicirenden Schriftsteller, allein keinen schöpferischen und epochemachenden Tondichter, der gleich Weber sein eigener Scholiast gewesen und mit der kritischen Feder die Bahnen vor- und nachgezeichnet hätte, auf welchen sein Gesang vordrang. Die Rolle des bewußten Agitators war Weber angeboren und anerzogen. Es liegt in der Wirkungskraft epochemachender Männer, daß auch ihre minder bedeutenden Werke durch den Zusammenhang mit den größeren fort und fort getragen und frisch erhalten werden. So kann man wohl von Goethe sagen, die Hälfte seiner Schriften würde jetzt verschollen seyn, wenn sie, so wie sie sind, von andern gleichzeitigen Autoren vereinzelt geschrieben wären; aber im Zusammenhang der Goethe'schen Werke blieben sie uns wichtig, werden durch die andern immer neu durch die Presse gezogen und wirken auf's neue. Die Hauptwerke tragen die kleineren, aber die Wucht der Hauptwerke wird auch wieder verstärkt durch der Kleineren Masse und Mannigfaltigkeit, und Niemand wähnte in unserer Zeit ein epochemachender Meister zu werden, der nicht zugleich auch ein vielschaffender ist. Ein junger Mann von fünfundzwanzig Jahren kann in mancher Kunst bereits Epoche machen, wer aber eine Epoche schaffen will, der muß Gott schon um längeres Leben bitten.»[5]

Carl Maria von Weber (1786–1826) wird in eine Zeit hineingeboren, die von einschneidenden politischen Ereignissen geprägt ist: Im Geburtsjahr Webers stirbt Friedrich der Große. 1787, ein Jahr später, erhalten die Vereinigten Staaten von Nordamerika eine neue Verfassung. In Frankreich tobt 1789 bis 1794 die Revolution, die auf ganz Europa Einfluß nimmt. 1804 wird Napoleon Kaiser der Franzosen. Er führt Kriege in ganz Europa, durch verschiedene Allianzen gestärkt. 1812 wird er in Rußland vernichtend geschlagen. Ein Jahr später besiegelt die Völkerschlacht bei Leipzig sein Schicksal. Napoleon wird nach Elba verbannt.

Der Wiener Kongreß konstituiert sich 1814/15. Metternich erscheint auf der politischen Szene. Da kehrt Napoleon überraschend von Elba zurück. In Paris sammelt er ein Heer um sich. Aber bei Belle Alliance/ Waterloo wird er von den vereinigten Heeren unter Preußens und Rußlands Führung besiegt.*

Beethoven komponiert auf diesen Sieg der Alliierten die Schlachtensymphonie «Wellingtons Sieg». Carl Maria von Weber feiert das historische Ereignis mit der Kantate *Kampf und Sieg*.

Die deutsche Literatur jener Zeit nennt die Namen Lenz, Herder, Klopstock, Wieland, Lessing, Schiller, Goethe, Novalis, Kleist, Heine. 1774 wird der Maler Caspar David Friedrich geboren. Haydn stirbt 1809. Im gleichen Jahr wird Mendelssohn Bartholdy geboren, ein Jahr später Schumann und Chopin. 1823 begegnen sich Weber und Beethoven in Baden bei Wien. Kant, Hegel, Schelling und Schopenhauer wirken in dieser Zeit. 1818 wird Karl Marx geboren.

Als Carl Maria von Weber 1826 stirbt, steht Richard Wagner im vierzehnten Lebensjahr.

Kindheit und Jugend – Die Eltern

Ich bin den 18. Dezember 1786 zu Eutin im Holsteinischen geboren. Ich genoß der sorgfältigsten Erziehung mit besonderer Vorliebe für die schönen Künste, da mein Vater selbst ausgezeichnet Violine spielte. Die eingezogene Weise, in der meine Familie lebte, der stete Umgang mit erwachsenen gebildeten Menschen, die ängstliche Vorsicht, mir keine andere verwil-

---

* 1821 stirbt Napoleon auf St. Helena in der Verbannung.

dernde Jugendgesellschaft zuzulassen, lehrten mich früh, mehr in mir selbst und der Phantasiewelt zu leben und in ihr meine Beschäftigung und mein Glück zu suchen. Malerei und Musik teilten sich hauptsächlich in meine Zeit. Von ersterer versuchte ich mit Glück mehrere Zweige zu pflegen; ich malte in Öl, Miniatur, Pastell und wußte auch die Radiernadel zu führen. Doch unwillkürlich entschlummerte diese Beschäftigung, und die Musik verdrängte, meiner selbst unbewußt, die Schwester endlich gänzlich. Eigentümliche Neigung bestimmte meinen Vater zuweilen, seinen Aufenthaltsort zu wechseln. Der Nachteil, den das Wechseln der Lehrer hervorbrachte, ersetzte sich später desto wirksamer durch das Erwecken der eigenen Kraft und der Notwendigkeit, aus eigenem Nachdenken und Fleiße zu schöpfen.[6]*

Der Anfang dieser autobiographischen Skizze Carl Maria von Webers aus dem Jahre 1818 hat einiges mit dazu beigetragen, die Verwirrung um das Datum seiner Geburt zu vergrößern. Als einziges erhaltenes Dokument ist die Eintragung im Taufregister des Kirchenbuches zu Eutin zugänglich: Am 20. November 1786, so ist dort vermerkt, wurde Carl Maria Friedrich Ernst von Weber getauft, der als Sohn des Kapellmeisters Franz Anton von Weber und dessen Ehefrau Genovefa, geb. Brenner, in Eutin zur Welt kam. Taufzeugen waren Prinz Carl von Hessen, die verwitwete Herzogin von Oldenburg in Eutin, und der Hofmarschall von Both. Auf Grund des Taufdatums ist anzunehmen, daß Webers Geburtstag aller Wahrscheinlichkeit nach der 18. oder 19. November gewesen sein muß. «In späteren Jahren liebte es Weber, das letztere Datum als echt anzugeben, da auf diese Weise sein Geburtstag mit dem seiner Gattin Caroline zusammengefallen sein würde», schreibt Max Maria von Weber, der Sohn des Komponisten, in seiner zweibändigen Biographie über seinen Vater.[7]

Carl Maria von Webers Vorfahren väterlicherseits waren alemannische Bauern und Handwerker. Seine Mutter Genovefa, geb. Brenner, stammte aus einer bäuerlichen Familie in der Nähe von Kaufbeuren. Das Adelsprädikat muß sich Carl Marias Vater Franz Anton selbst zugelegt haben, denn die bemühten Erklärungen Max Maria von Webers halten einer gründlichen Forschung nicht stand:

«In den Wirren des dreißigjährigen, des spanischen und österreichischen Erbfolgekrieges, verlieren wir die Familie Weber bis zum Jahre 1738 aus den Augen, wo wir Kunde von der Existenz der Nachkommen des Franz Joseph Weber durch das Diplom Kaiser Karl VI. erhalten, vermöge dessen er den Adel Johann Baptist's von Weber auf die Brüder Fridolin und Xaver Weber . . . diesen verleiht.»[8]

Zwar findet sich im Siegel der Familie Weber ein Helm, den nur Adelige in ihrem Wappen führen durften, aber jener Helm war ein sogenannter (geschlossener) Stechhelm, den man seit dem 16. Jahrhundert dem nichtadeligen Bürgertum zu führen erlaubt hatte. Dem Adel selbst blieb der Spangenhelm (offener Helm) im Wappen vorbehalten. Weder Carl Marias Großvater Fridolin Weber noch sein Onkel Fridolin, der Bruder seines Vaters Franz Anton, hatten als «von» Weber ihre Briefe und Dokumente unterzeichnet. Mozarts Frau Constanze, die Kusi-

Das Geburtshaus in Eutin. Lithographie

ne Carl Maria von Webers, nannte sich ebenfalls wie ihre Schwestern Josepha, Aloysia und Sophie, schlicht «Weber», ohne das Adelsprädikat «von». Es wird wohl dem Geltungsbedürfnis Franz Antons, seiner Eitelkeit und unbekümmerten Abenteuerlust zuzuschreiben sein, daß er sich selbst adelte. 1797 ließ er sich in Salzburg mit Major von Weber anreden. In späteren Jahren liebte er es, sogar als Freiherr und Kammerherr aufzutreten. Es ist der Familie Weber kein Vorwurf zu machen, daß sie, in gutem Glauben, Franz Antons «wiederentdecktes» Adelsprädikat aus dem 16. Jahrhundert nun auch führte und weitervererbte. Von Rechts wegen hätte das Wort «von» vor dem Familiennamen Weber eliminiert werden müssen. Carl Maria von Weber hat jedenfalls nie betont, von adeliger Herkunft zu sein und zu keiner Zeit auf Grund seines Namens besondere Privilegien und Rechte genossen. Und nachdem sein Name als Carl Maria von Weber in die Musikgeschichte eingegangen ist – welchen Grund gäbe es, ihn jetzt noch zu korrigieren?

Webers Vater Franz Anton wurde 1734 (?) in Zell geboren. Nach der Teilnahme am Siebenjährigen Krieg heiratete er 1758 Maria Anna Fumetti und wurde Amtmann zu Steuerwald bei Hildesheim. Seine Leidenschaft für die Musik, er spielte Violine und Kontrabaß, ließ ihn sein Amt

11

Der Vater:
Franz Anton
(von) Weber

schon bald vernachlässigen. Während sich in seiner Amtsstube die Akten stapelten und einstaubten, machte er in der Umgebung Hildesheims ausgedehnte Spaziergänge, bei denen er, zur Belustitung der Landbewohner, Geige spielte. 1767 erhielt Franz Anton sein Entlassungsschreiben, behielt aber auf Grund seiner Beziehungen den Titel und das Gehalt eines Hof-Kammerrates. Als er sich jedoch in das Kirchenmusikleben Hildesheims einmischte und Ärger mit Bischof Friedrich Wilhelm bekam, zog er sich 1768 ganz ins Privatleben zurück. Franz Anton lebte mit seiner Familie bis 1773 in Hildesheim. Dann verliert sich für einige Jahre seine Spur. 1778 tauchte Franz Anton in Lübeck wieder auf, wo er Musikdirektor gewesen ist. Das nicht unbeträchtliche Vermögen seiner ersten Frau, Maria Anna Fumetti, hatte er bei mißglückten Theaterunternehmungen in den vorausgegangenen Jahren durchgebracht.

Ein Jahr später, am 9. April 1779, nahm er eine Stelle als Kapellmeister in Eutin am Hofe des Fürstbischofs Friedrich August an. 1783 starb seine Frau. Einige Jahre hatte Franz Anton es in diesem Amte ausgehalten, 1784 aber begab sich der reise- und abenteuerlustige ehemalige Leutnant und Musikus nach Wien. Dort wollte er seinen Söhnen eine gediegene Musikausbildung verschaffen und sie bei Joseph Haydn als Schüler unterbringen. In Wien lernte er seine zweite Frau Genovefa Brenner kennen, die zwanzigjährige Tochter eines Kunstschreiners aus Markt Obersdorf bei Kaufbeuren. Genovefa nahm damals in Wien Gesangsunterricht, als sich Franz Anton in sie verliebte. Am 20. August 1785 war Hochzeit. Die beiden Eheleute kehrten nach Eutin zurück, wo der stark verschuldete Franz Anton eine Anstellung als Stadtmusikus fand, die – nach einer genau spezifizierten Gebührenordnung – gute Einkünfte versprach, denn der Stadtmusikus hatte für die Musik zu vielerlei Anlässen zu sorgen: Hofkonzerte, Ball-, Tafel-, Schlittenfahrt- und Wassermusik, Hochzeiten, Nachtmusiken vor dem Hause Neuvermählter, Anblasen der Gäste, das «Blasen des Brautpaares in und aus der Kirche», das «Aufspiel» beim Vogelschießen und anderen Volksfesten und Belustigungen.

Doch bald traten auch hier, zwischen Magistrat und Bürgerschaft auf der einen und dem Stadtmusikus von Weber auf der anderen Seite, Differenzen und erhebliche Schwierigkeiten auf, die dazu führten, daß Franz Anton wieder einmal um vorzeitige Aufhebung des Dienstverhältnisses bat. 1787, ein Jahr nach der Geburt seines Sohnes Carl Maria, war Franz Anton von Weber Pensionär des neuen Fürstbischofs Peter Friedrich Ludwig. Auch dieser Lebensabschnitt währte nicht lange. An Stelle der fürstbischöflichen Pension ließ sich Franz Anton mit 900 Talern auszahlen, verkaufte seine Instrumente an seinen Nachfolger, verließ mit seiner Familie Eutin und gründete in Hamburg die «Webersche Schauspielergesellschaft».

Wien, Kassel, Meiningen und Nürnberg sind nachgewiesene Stationen der Schauspieltruppe von Weber. Das Familienunternehmen, zu dem die Kinder aus erster Ehe Fridolin, Edmund und Josepha, seine Schwester Adelheid, seine Frau Genovefa, eine Schwiegertochter und Franz Anton selbst gehörten, spielte Stücke von Iffland und Kotzebue und damals beliebte Singspiele. Das Unternehmen trug sich finanziell kaum, was Franz Anton aber nicht davon abhielt, etwa zugunsten seiner kränkelnden Frau und der Entwicklung seiner Kinder zuliebe, das Wanderleben aufzugeben. In dieser Zeit erhielt Carl Maria den ersten Musikunterricht bei seinem Vater und seinem Halbbruder Fridolin, der die Voraussage wagte: «Carl, du kannst vielleicht alles werden, aber ein Musiker wirst du nimmermehr!»[9]

Da im Jahre 1796 die Mutter Carl Marias eine längere Krankheit auskurieren mußte, schlug die Theatertruppe in dem Werrastädtchen Hildburghausen ihr Quartier auf. Dieser über ein Jahr während Aufenthalt kam Carl Marias musikalischer Ausbildung sehr zugute.

Über Franz Antons ehrgeizige Pläne, aus Carl Maria ein Wunderkind nach dem Vorbilde des jungen Mozart zu machen, ist viel geschrieben worden. Auch der angeblich schlechte Lebenswandel des Vaters, sein unstetes Leben, sein prahlerisches Auftreten sollen nicht nur ihm selbst, sondern der ganzen Familie viele Unannehmlichkeiten eingebracht haben. Eines kann man dem Vater Franz Anton von Weber aber auf keinen Fall nachsagen: daß er sich widrigen Umständen gebeugt habe, daß er ein bequemer, sehr ergebener «Untertan» gewesen sei. Von seinem Vater hat Carl Maria ohne Zweifel die Liebe zur Musik und zum Theater mitbekommen, auch eine tüchtige Portion Selbstbewußtsein und den

Die Mutter: Genovefa (von) Weber, geb. Brenner. Miniatur

Mut, Ideen auch gegen Widerstände durchzusetzen. Das oftmals geradezu erstaunliche Durchhaltevermögen des Vaters, der sich auch in ausweg-
losen finanziellen, beruflichen und familiären Situationen noch zu behaupten wußte, wird seinen Teil dazu beigetragen haben, daß Carl Maria
von Weber in seinem späteren Leben Schwierigkeiten weder ängstlich aus
dem Wege gegangen ist noch sich um einer Karriere willen ins scheinbar
Unabänderliche gefügt und angepaßt hat. Die Jahre in Breslau, Prag und
Dresden werden das auf besondere Weise bezeugen.

Die ersten Kompositionen

«Es gehört zu den wenigen unklaren Zügen in C. M. v. Webers sonst so
durchsichtigem, reinen Leben und Streben, daß er mit großer Beflissen-
heit später jeder Erwähnung der Thätigkeit seines Vaters als Theaterdi-

rektor und seiner Familienmitglieder als Mitwirkende bei dessen Bühne auswich. Selbst in seiner kleinen Autobiographie ... übergeht er alles Detail der ersten vierzehn Jahre seines Lebens mit Stillschweigen und hüllt die Wirksamkeit Franz Anton's, in so weit sie sich auf seines Sohnes erste Heranbildung bezieht, mit noch mehr kindlicher Liebe als historischer Treue in einem Schimmer von Sorgsamkeit, stiller Häuslichkeit und Ruhe, der sicher mehr in der Erinnerung des edlen Sohnes, als in Wirklichkeit das unruhige Haupt Franz Anton's umleuchtete.»[10] Das pädagogische Talent Franz Anton von Webers ist nicht nur in musikalischer Hinsicht anzuzweifeln. Das Wanderleben einer Theatertruppe wird kaum dazu beigetragen haben, Carl Maria einen allgemeinen systematischen Unterricht angedeihen zu lassen. Als der Vater merkte, daß sein Sohn die einem musikalischen Wunderkind adäquaten Ergebnisse nicht spontan erbrachte, versuchte er es bei dem Jungen mit der Unterweisung in den bildenden Künsten: Zeichnen, Malen und Kupferstechen. Noch als Carl

Carl Maria als Kind. Zeichnung

Maria sich mit den Regeln der Harmonielehre herumschlug, forderte Franz Anton schon Kompositionen. Ähnlich ging es mit der Malerei und dem Kupferstechen. In Hildburghausen endlich erhielt Carl Maria den entscheidenden Musikunterricht durch den Kammermusiker Johann Peter Heuschkel, der in der Kapelle des Meininger Herzogs Friedrich als Organist, Pianist und Oboist tätig war. Der dreiundzwanzigjährige Heuschkel erkannte das Talent seines zehnjährigen Schülers und begann mit einer methodischen Ausbildung im Klavierspiel und Tonsatz. *Den wahren, besten Grund zur kräftigen, deutlichen und charaktervollen Spielart auf dem Klavier und gleicher Ausbildung beider Hände habe ich dem braven, strengen und eifrigen Heuschkel in Hildburghausen (1796/97) zu verdanken.* [11]

Der erste erhaltene Brief Carl Marias datiert aus dem Jahre 1797 und ist an eben jenen Johann Peter Heuschkel gerichtet. In diesem Brief erfahren wir auch, daß die Webers inzwischen nach Salzburg weitergezogen sind und Johann Michael Haydn der neue Lehrer Carl Marias geworden ist:

Hochedelgeborener Herr Kammer Musikus.
Mein theuerster, geliebtester Lehrer.
Der eintretende Neue Jahrs Wechsel erinnert mich an die Pflicht, Ihnen mein theuerster Lehrer meinen herzinnigsten GlückWunsch abzustatten, der Himmel erhalte sie noch lange Jahre im besten wohlsein, noch habe leider keinen so guten Lehrer gefunden, als ich an Ihnen verlohren, und habe wegen diesem, was ich von ihnen gelernt, schon Oft große Ehre eingeärndet. nach vieler Mühe hat es endlich mein Hr. Vater dahin gebrach, daß ich dieses Neue Jahr bei Hr. CapellMeister Michel Haydn den Contrapunkt anfange, da er mich auf seinem Zimmer das Concert von Kotzeluch einige Variazionen, etwas von Righini lidern und ein Recitativ auß dem Tod Jesu spielen gehört, und grossen Beifall gegeben hat. es ist ein Glück für mich denn er nimt sonst keine Schüler mehr an weil er gar zu viel zu thun hat. lieber Hr Heuschkel, vergessen Sie mich ja nicht, so wie ich ewig an sie Gedenke. Darf ich bitten die Einlage an Hr. Tertius zu bestellen. Der ich in Erwartung einer baldig gütigen Antwort zeitlebens mit wahrer Achtung bin
Salzburg den   Ihr
28 Xbris 1797.   getreuer Schüler Carl von Weber [12]

Franz Anton fügt ein Schreiben bei, das ihn aufschlußreich charakterisiert, vor allem die Unterschrift mit den Titeln «Major» und «Baron» von Weber!

Mein lieber Herr Kammer-Musikus.
Viel Glück zum neuen Jahr! Behalten Sie mich in diesem Jahre so lieb, wie ich Sie so herzlich liebe und Vergessen uns nicht, täglich sprechen wir von Ihnen. einen solchen braven, treuen und fleißigen Lehrer bekommt Carl nicht wieder, wie er leider an Ihnen verlohr und darum bedaure ich sehr oft, daß ich von Hildburghausen weggezogen bin; Es fehlt hier nicht

an großen Leuten, aber es sind lauter liederliche versoffene Kerls, denn der Wein ist zu wohlfeil, die halbe Bouteille 6 Kreuzer. mit der größten Mühe habe d. Hr Michel Haydn durch vieles Bitten dahin gebracht, daß er den Carl angenommen und Neu Jahr den Contrapunkt mit ihm anfangen will. er hat Viele Freude gezeigt, als ich mit Carl bei ihm war und in seinem Zimmer den Knaben spielen gehört hat. Ach! ein solches Fortepiano wünsche ich Ihnen, wie man sie hier jetzt hat, aber das Geringste kostet 30 Carolin oder 120 Laubthaler, aber es ist auch nicht auszusprechen, welch eine Schönheit und gleichheit der Töne und gewalt im Starken und Sanften gleich. Bald hoffe ich Ihnen ein schönes Oboe Concert zu schik-ken, es wäre schon geschehen wenn meine arme Frau nicht dem Tode so nahe gewesen, da sie schon gegen drei Monate elende zu Bette liegt. sie läßt Sie herzlich grüßen, Frau Schwester nicht minder, mein Sohn der in Hildburgh. war ist jetzt in Cassel also näher bei Ihnen als bei mir. Leben Sie wohl und Vergessen Sie mich nicht, ich bin und bleibe mit wahrer Achtung und Freundschaft ihr wahrer Freundt

F. A. von Weber

Salzburg 28 Xbris 1797   Addresse:
Hr. Major F. A. Bar. von Weber.
Salzburg.[13]

Zwanzig Jahre später schildert Weber seine Eindrücke dieser Jahre so:
Sowie mein Vater die allmähliche Entwicklung meines Talentes sah, sorgte er mit der liebevollsten Aufopferung für dessen Ausbildung. Er brachte mich nach Salzburg zu Michael Haydn. Der ernste Mann stand dem Kinde noch zu fern, ich lernte wenig bei ihm und mit grosser Anstren-gung. Hier liess mein Vater zu meiner Aufmunterung 1798 mein erstes Werk, Sechs Fughetten, drucken, die freundlich in der musikalischen Zei-tung («Allgemeine Musikalische Zeitung») *angezeigt wurden.*[14] Die sechs Fughetten (op. 1; J. 1–6) sind eine Talentprobe des zwölfjährigen Knaben (Franz Anton hatte das Alter seines Sohnes mit elf Jahren angegeben!). In der «Allgemeinen Musikalischen Zeitung» verfaßte der Gründer der Zeitung, Johann Friedrich Rochlitz, eine Ankündigung der im Druck erschienenen Komposition: «Dass ein junger Künstler, wie der Verfasser, im 11ten Jahre Fughetten componirt, und so brave Fughetten, ist gewiss eine ausgezeichnete und ungemein vielmehrsprechende Seltenheit.»[15]
Der Tod der Mutter am 13. März 1798 hat die Familie stark erschüt-tert. Franz Antons Schwester Adelheid vertrat nun Mutterstelle an den Kindern.
Daß ich meine liebe unvergeßliche Mutter bereits den 13ten März dieses Jahres leider! verloren, werden Sie schon wissen. Ach Gott! ein unersetzli-cher Verlust für mich! gegen Ende dieses Monats reise ich mit meinem lieben Vater, Frau Tante (Adelheid), *und meinem kleinen Schwesterchen zu unsern Grossen Vater Joseph Haydn nach Wien. es soll mir lieb sein, wenn sie uns dort einmal besuchen wollen. und ich Ihnen sodann zeigen werde, das Sie keine unehre von ihrem Schüler haben. Wo ich Sie dann abmahlen und ein paar gute Fugen vorfuchteln werde.*[16]

Ende 1798 zog die Familie nach München, nachdem der Plan, in Wien Joseph Haydn als Lehrer für Carl Maria zu gewinnen, gescheitert war.

In München erhielt Carl Maria Gesangsunterricht bei Johann Evangelist Wallishauser (Valesi). Sein Kompositionslehrer wurde Johann Nepomuk Kalcher.

Ende 1798 kam ich nach München, erhielt Singunterricht bei Valesi und in der Komposition bei dem jetzigen Hoforganisten Kalcher. Dem klaren, stufenweise fortschreitenden, sorgfältigen Unterrichte des letzteren danke ich grösstenteils die Herrschaft und Gewandtheit im Gebrauch der Kunstmittel, vorzüglich in bezug auf den reinen vierstimmigen Satz, die dem Tondichter so natürlich werden müssen, soll er rein sich und seine Ideen auch dem Hörer wiedergeben können, wie dem Dichter Rechtschreibekunst und Silbenmass. Mit unermüdetem Fleisse arbeitete ich meine Studien aus. Die Vorliebe zum Dramatischen fing an, sich bestimmt auszusprechen. Ich schrieb unter den Augen des Lehrers eine Oper «Die Macht der Liebe und des Weins», eine grosse Messe, mehrere Klaviersonaten, Variationen, Violintrios, Lieder usw., die später alle ein Raub der Flammen wurden. Der rege jugendliche Geist, der alles Neue und Aufsehenerregende mit Hast sich anzueignen suchte, erregte auch in mir die Idee, dem damals von Senefelder neu erfundenen Steindrucke den Rang abzulaufen. Ich glaubte endlich die Erfindung auch gemacht zu haben, und zwar mit einer zweckmässigeren Maschine versehen. Der Wille, diese Sache ins Grosse zu

Opus 1. Titelblatt

treiben, bewog uns, nach Freiberg zu ziehen, wo alles Material am bequem-
sten zur Hand schien. Die Weitläufigkeit und das Mechanische, Geisttöten-
de des Geschäfts liessen mich aber bald die Sache aufgeben und mit
verdoppelter Lust die Komposition fortsetzen. Ich schrieb die vom Ritter
von Steinsberg gedichtete Oper «Das Waldmädchen», welche im Novem-
ber 1800 auch da gegeben wurde und sich dann später weiter verbreitete, als
mir lieb sein konnte (in Wien vierzehnmal gegeben, in Prag ins Böhmische
übersetzt und in Petersburg mit Beifall gesehen), da es ein höchst unreifes,
nur vielleicht hin und wieder nicht ganz von Erfindung leeres Produkt war,
von dem ich namentlich den zweiten Akt in zehn Tagen geschrieben hatte;
eine der vielen unseligen Folgen der auf ein so junges Gemüt so lebhaft
einwirkenden Wunderanekdoten von hochverehrten Meistern, denen man
nachstrebt.[17]

Webers zweite Oper ist, bis auf zwei Gesangsnummern, verschollen. In
den «Freyberger gemeinnützigen Nachrichten für das chursächsische
Erzgebirge» wurde die Oper folgendermaßen angekündigt: «Romantisch
Komische Oper in 2 Aufzügen von Ritter von Steinsberg, in Musik gesetzt
und ihrer kurfürstlichen Durchlaucht Maria Amalia Auguste, regirenden
Kurfürstin von Sachsen in tiefster Ehrfurcht gewidmet, von Carl Maria
Baron von Weber, 13 Jahre alt, einem Zögling Haydns.»

Weitere Aufführungen lassen sich in der näheren Umgebung Frei-
bergs, in Chemnitz am 5. Dezember 1800 und in Wien am 4. Dezember
1804 (*Das Mädchen im Spessarter Wald*) feststellen. In Webers zweiter
Oper sollen sich harmonische und vor allem dramatische originelle Passagen befunden haben. Nach der Textvorlage des *Waldmädchens* entstand
Webers spätere Oper *Silvana.*

In Familiengeschäften nach Salzburg gereist, schrieb ich da, meinen
neuen Plänen gemäss, die Oper «Peter Schmoll und seine Nachbarn»
(1801), die meinen alten, durch manches Neue darin höchlich erfreuten
Lehrer Michael Haydn bewog, mir ein ungemein gütiges Zeugnis darüber
zu erteilen. Sie wurde in Augsburg aufgeführt, ohne sonderlichen Erfolg,
wie natürlich. Die Ouvertüre habe ich später umgearbeitet und stechen
lassen bei Gombart.[18]

Musikwissenschaftler haben Webers Partitur zu dieser Oper «unerfah-
ren» und «harmonisch ungeschickt» genannt. Trotz aller begreiflichen
kompositorischen Mängel weist die Komposition das Talent Webers
nach, für die Bühne schreiben zu können. In *Peter Schmoll* finden wir
neben volksliedhaften Motiven auch dramatische orchestrale Klangfar-
benwirkungen, die dann später, im *Freischütz* zum Beispiel, meisterhaft
angewandt und beherrscht werden. Auch sind schon im *Peter Schmoll*
Merkmale für die Webersche Tonartencharakteristik festzustellen. Weber hat seine Oper nach einem Libretto von Joseph Türk komponiert, das
auf einem Roman von Carl Gottlob Cramer basiert. Die Dialoge zu
diesem Singspiel sind nicht mehr erhalten. Neubearbeitungen wurden in
Lübeck (1927), Dresden (1944, Hans Hasse) und Bielefeld (1955) aufgeführt. Im Verlag Peters Frankfurt erschien 1963 eine Ausgabe, die von
Willy W. Göttig bearbeitet und neu gefaßt wurde.

Johann Michael Haydn. Gemälde von Sebastian Stief

Johann Michael Haydn schrieb am 2. Juni 1802 über den *Peter Schmoll*: «Mit wahrem Vergnügen habe ich gestern einer freundschaftlichen Probe der von meinem lieben Zögling Herrn Carl Maria von Weber komponierten Oper ‹Peter Schmoll und seine Nachbarn› beigewohnt und kann nicht anders, als mit Wahrheit und meiner Einsicht und vollkommenen Überzeugung gemäss, attestieren, dass diese Oper mannhaft und vollkommen nach den wahren Regeln des Kontrapunktes bearbeitet, mit vielem Feuer und Delikatesse und dem Texte ganz angemessen von ihm komponiert und dass derselbe zugleich ein ganz ausgezeichnet starker Klavierspieler dieser Zeit sei und daher es für gerecht und billig finde, diesen meinen lieben Zögling der ganzen musikalischen, gefühlvollen Welt zur besten Aufnahme zu empfehlen.»[19]

Auf einer Reise durch Norddeutschland lernte Weber in Eutin Johann

Heinrich Voß kennen, dessen Freundschaft er gewann. In Hamburg komponierte er sein erstes Lied *Die Kerze* nach einem Gedicht von Matthisson.

1802 machte mein Vater eine musikalische Reise mit mir nach Leipzig, Hamburg, Holstein, wo ich mit dem grössten Eifer theoretische Werke sammelte und studierte. Unglücklicherweise stiess ein Doctor Medicinae alle meine schönen Lehrgebäude mit den oft wiederkehrenden Fragen: warum? usw. über den Haufen und stürzte mich in ein Meer von Zweifeln, aus dem mich nur nach und nach das Schaffen eines eigenen, auf natürliche und philosophische Gründe gestützten Systems rettete, so dass ich das viele Herrliche, das die alten Meister befohlen und festgestellt hatten, nun auch in seinen Grundursachen zu erforschen und in mir zu einem abgeschlossenen Ganzen zu formen suchte. Es drängte mich nach der Tonwelt Wiens, und zum ersten Male trat ich hinaus in diese Welt. Hier lernte ich nebst dem Umgange der bedeutendsten Künstler, des unvergesslichen Vater Haydn usw., den Abt Vogler kennen, der mit der Liebe, die jedem wirklich grossen Geiste eigen ist, dem wahrhaft ernstgemeinten Streben freudig zu helfen, und mit der reinsten Hingebung den Schatz seines Wissens vor mir aufschloss. Auf Voglers Rat gab ich, nicht ohne schwere Entsagung, das Ausarbeiten grösserer Dinge auf und widmete beinahe zwei Jahre dem emsigsten Studium der verschiedenartigsten Werke grosser Meister, deren Bau, Ideenführung und Mittelbenutzung wir gemeinschaftlich zergliederten und ich in einzelnen Studien zu erreichen und in mir klarzumachen suchte. Öffentlich erschien in dieser Zeit nichts von mir als ein paar Werkchen Variationen und der Klavierauszug der Voglerschen Oper «Samori».[20]

In Wien freundete sich Weber mit Johann Baptist Gänsbacher an, einem Mitschüler, der ebenfalls bei Abt Vogler musikalische Studien betrieb. Der acht Jahre ältere, lebenslustige Freund zog Carl Maria mitten hinein in fröhliche Gesellschaften, durchzechte mit ihm manche Nacht, kurz – in diesem Wiener Jahr lernte Carl Maria das Leben von einer neuen Seite kennen, die ihm bisher verschlossen geblieben war; Vater Franz Anton hielt sich geschäftlich in Augsburg und Salzburg auf, und so war Carl Maria seinem Einfluß zum erstenmal für längere Zeit entzogen. Er arbeitete sehr konzentriert, komponierte aber kaum in dieser Zeit: *Ja, es war auch keine Kleinigkeit für eine schreibfähige Seele, an einem so viel gebährenden Orte beynahe neun Monate zu sitzen und – keine Note zu komponieren; aber es war mein Vorsatz, lange zu hören, zu sammeln, zu studieren, ehe ich wieder etwas schreiben würde.*[21]

Anregungen erfuhr Weber in Wien nicht nur durch das reichhaltige Konzertleben, Salieris geistliche Konzerte etwa, oder die Liebhaberkonzerte in den Salons, sondern auch durch die Aufführungen neuer Komponisten und ihrer Werke am Hoftheater und am Theater an der Wien. Weber lernte Salieri, Joseph Haydn, Gyrowetz, Wranitzky (der einen «Oberon» komponiert hat) kennen und bewegte sich in den Salons der vornehmen Wiener Gesellschaft ebenso korrekt wie er in den Wiener Kneipen ausgelassen sein konnte.

Der von Weber vielbewunderte und verehrte Lehrer Abt Vogler, der übrigens ein absoluter Gegner Beethovens war und zu dessen Schülerkreis auch Meyerbeer und Franz Danzi gehörte, hatte bei Mozarts Lehrer Padre Martini in Bologna studiert und später eine Art «Schnellkursus» in Komposition entwickelt, den er einige Jahre in Mannheim praktizierte.

Danach ging der musikalische Abt, der Georg Joseph Vogler hieß, zwanzig Jahre auf Reisen, die ihn bis nach Afrika und Grönland führten. 1803 kam er nach Wien zu Schikaneder. Johann Baptist Gänsbacher, der Freund Webers und ebenfalls Schüler des Abbé wie dieser, erzählt in seiner «Autobiographie» ein aufschlußreiches Erlebnis mit Webers (und seinem) Lehrer: «Vogler zu Ehren gab Herr Sonnleither eine musikalische Soirée und lud die ausgezeichnetsten Künstler, darunter auch Beethoven, dazu ein. Bei dem Quintett von Vogler spielte ich die Viola. Darauf wurde Vogler auf dem Fortepiano zu fantasiren aufgefordert; bereitwillig setzte er sich an das Clavir und führte ein von Beethoven selbst aufgegebenes Thema, von $4^1/_2$ Takten zuerst in einem Adagio, dann fugirend durch. Es war ein durchaus gebundenes Spiel, aber mit so ganz neuen von mir noch nie gehörten Harmonie-Verbindungen und Wendungen verwebt, daß ich vor Erstaunen und Entzücken in einen

Wien: das Belvedere. Stahlstich

Abt Vogler. Zeichnung von H. E. von Winter

Enthusiasmus für Vogler entbrannte . . . Nach Vogler fantasirte Beethoven auf ein von Vogler gegebenes Thema, von 3 Takten (die C-dur-Scala in Allabreve) eingetheilt. Beide Meister hörte ich da zum ersten Male. Beethoven's ausgezeichnetes Clavirspiel, verbunden mit einer Fülle der schönsten Gedanken, überraschte mich zwar auch ungemein, konnte aber mein Gefühl nicht bis zu jenem Enthusiasmus steigern, womit mich Vogler's gelehrtes, in harmonischer und contrapunktischer Beziehung unerreichtes Spiel begeisterte.»[22]

Vogler war es, der seine Schüler Gänsbacher und Weber für den Posten eines Kapellmeisters am Breslauer Theater empfahl. Da Gänsbacher die Anstellung nicht annehmen wollte, wurde Carl Maria von Weber im Alter von nicht einmal achtzehn Jahren zum Kapellmeister in Breslau bestellt. Am 11. August 1804 kam er mit seinem Vater, über Salzburg und Augsburg reisend, in Breslau an.

Der junge Kapellmeister

Webers Amtsantritt begann mit einem Rücktritt.

Der angesehene, fast zwanzig Jahre ältere Konzertmeister Joseph Schnabel hatte die Berufung des jungen Carl Maria von Weber nicht verwunden, da er selbst auf den Posten spekulierte. Er übernahm nun wichtige Positionen im Breslauer Musikleben und startete sogleich nach Webers Ankunft eine Pressekampagne, die Weber einiges zu schaffen machte. Der im November 1804 achtzehn Jahre junge Kapellmeister bekam aber auch noch von anderer Seite zu spüren, daß er in Breslau nicht sehr erwünscht war: der Adel verzieh es ihm nicht, daß er als ein «Herr von . . .» am Theater tätig war. Das Breslauer Theaterpublikum setzte sich hauptsächlich aus dem bürgerlichen Mittelstand zusammen, der Adel mied das Theater. Nur die Offiziere der Garnisonsstadt kamen zu Aufführungen, um zu pöbeln und zu stören. In der «Geschichte des Breslauer Theaters»[23] von Maximilian Schlesinger ist sogar von einem Schwefelsäure-Attentat die Rede: die Säure soll vom Zuschauerraum aus während einer Aufführung auf die Bühne geschüttet worden sein.

Weber erhielt ein Jahresgehalt von 600 Thalern; nicht viel, wenn man bedenkt, daß er seinen Vater unterstützte und das Leben in Breslau durch den Winteraufenthalt des schlesischen Adels nicht gerade billig war, da die Kaufleute die «Saison» mit erhöhten Preisen ausnutzten. Zudem hat Carl Maria sein unbekümmertes «Wiener Nachtleben» auch hier in Breslau weitergeführt. Einige Liebesaffären mit Damen des Theaters, verheirateten und ledigen, trugen dazu bei, daß der Schuldenberg anwuchs, denn Carl Maria war in Gelddingen Damen gegenüber ein großzügiger Kavalier. Franz Antons Spekulationen mit der Kupferstecherei halfen mit, die finanzielle Misere zu vergrößern. Aus dieser Breslauer Zeit datiert der Beginn der immer weiter ansteigenden Verschuldung Carl Maria von Webers, die erst nach fünfzehn Jahren, im Jahre 1819, ganz getilgt werden konnte.

In Breslau begann Weber mit der Komposition der Oper *Rübezahl* nach einem Libretto des Breslauer Theaterdirektors und Dramaturgen Johann Gottlieb Rhode. Davon ist uns heute nur noch die später umgearbeitete Ouvertüre *Beherrscher der Geister* bekannt. Die Partitur blieb ein Fragment, denn Zeit zum Komponieren fand der junge Kapellmeister in Breslau kaum.

Mit großem Eifer und der ihm eigenen Konsequenz führte er sein neues Amt. Als musikalischer Leiter kümmerte er sich nicht nur um diesen Bereich, sondern beschäftigte sich mit allem, was eine Opernaufführung erforderte. Seine Kenntnis auch der technischen Dinge (Maschinerie und Beleuchtung), der Probendispositionen und der Dramaturgie (Spielplangestaltung etc.) brachten ihm nicht, wie man annehmen sollte, Respekt und Wohlwollen ein, sondern erhebliche Schwierigkeiten mit Sängern, Orchestermitgliedern und dem technischen Personal. Es hieß, daß er sich in alles einmische, von allem etwas zu verstehen glaube und alles neu und besser organisieren wolle. Unpopuläre Maßnahmen, die das künstlerische Niveau des Hauses steigern sollten, kamen hinzu. Weber verlangte die Entlassung älterer Orchester- und Bühnenmitglieder, die seiner Meinung nach unfähig waren, den künstlerischen Ansprüchen zu genügen. Er schlug eine Erhöhung der Orchesterbezüge vor, damit die Musiker sich ganz ihrem Beruf widmen konnten und nicht auf Nebenerwerbstätigkeiten angewiesen waren. Mit dem schon erwähnten, nun zum Domkapellmeister avancierten Schnabel legte er sich fortwährend an. Als er zum Beispiel hörte, daß Schnabel Haydns «Schöpfung» am Gründonnerstag 1805 aufführen wollte, brachte auch Weber das Werk an diesem Tag zur Aufführung! Das Publikum und die Direktion des Theaters nahm er vollends gegen sich ein, als er Opern, die sogenannte «Kassenfüller» waren, absetzte und dafür das klassische Repertoire erweiterte. Man präsentierte dem aufbegehrenden Kapellmeister die Zahlen, und vor

Breslau, von Neu-Scheitnig aus

Carl Maria von Weber.
Stich von Johann Neidl nach einem Gemälde von Josef Lang, 1804

hundertfünfzig Jahren war es nicht anders als heute (nur die Titel der Kassenschlager sind auszutauschen): Das «Donauweibchen» hatte in der Spielzeit 219 Thaler eingespielt, Mozarts «Don Juan» (Don Giovanni) dagegen nur 119! Aber nicht nur Webers Spielplangestaltung war auf Ablehnung gestoßen. Seine Strenge dem Orchester und den Sängern gegenüber war gefürchtet. Der Achtzehnjährige führte in Breslau ein, was heute an den Opernhäusern mit Selbstverständnis praktiziert wird: Soloproben mit den Solisten am Klavier, dann Ensembleproben für das

Solopersonal, komplette Sitzproben mit Chor und Orchester, Szenenproben mit Klavier, Bühnenorchesterproben und schließlich zwei bis drei Generalproben, die heute der Klavierhauptprobe, der Orchesterhauptprobe und der Generalprobe (die wie eine Aufführung ablaufen sollte) entsprechen.

Die Sitzordnung im Orchester veränderte er ebenfalls, um einen möglichst homogenen Klang zu erhalten: bisher hatten die Bläser vorn, die Streicher hinten gesessen. Webers Orchestersitzordnung sah folgendermaßen aus: rechts bis zur Mitte des Dirigenten befanden sich die ersten Geigen, Flöten, Oboen, Hörner, Celli und der Kontrabaß, links die zweiten Geigen, Klarinetten, Fagotte und hinten in der Mitte die übrigen Blechbläser, die Pauken und das Schlagzeug.

Weber wurde als Dirigent sehr geschätzt. Seine Einstudierungen von Mozarts «La Clemenza di Tito», «Così fan tutte» (in Ignaz Rhodes Bearbeitung als «Mädchenrache» aufgeführt) und «Don Giovanni» rechtfertigten die ungestüm vorangetriebenen Reformen des Opernbetriebs. Da aber die Qualität der Aufführungen keinen Einfluß auf die Einnahmen hatte, ja die Direktion dem inzwischen neunzehnjährigen Kapellmeister klarmachte, daß er das Opernpersonal reduzieren und Stücke spielen müsse, die dem Publikumsgeschmack entsprächen, fühlte sich Weber unter Druck gesetzt.

Zu diesen beruflichen Rückschlägen kam schließlich ein Ereignis, das den Abschied aus Breslau beschleunigte. Ein Freund, Friedrich Wilhelm Berner, fand Weber eines Abends bewußtlos in seiner Wohnung. Später stellte sich heraus, daß Weber aus einer Weinflasche getrunken hatte, die Salpetersäure enthielt. Der Vater hatte die Flasche, die er für seine Kupferstecherei brauchte, achtlos zwischen die anderen Weinflaschen gestellt. Zwei Monate mußte Carl Maria auf dem Krankenlager zubringen. Seine Singstimme war verloren. Nur mit Mühe konnte er wieder sprechen.

Inzwischen hatten seine Widersacher am Theater die Zeit seiner Abwesenheit genutzt. Als Weber erfuhr, daß man Personal entlassen habe, ohne ihn zu konsultieren, reichte er kurzentschlossen seine Kündigung ein.

Webers Situation war wieder einmal von finanzieller Not geprägt. Als seine Gläubiger von dem Rücktritt erfuhren, bedrängten sie ihn mit ihren Forderungen. Franz Anton wollte seinen Sohn zu einer raschen Abreise überreden; er hatte schließlich Erfahrungen in solch delikaten Angelegenheiten! Aber die Rettung kam von ganz anderer Seite – in Gestalt des Fräuleins von Belonde, der Ehrendame der Herzogin von Württemberg und Schülerin Carl Maria von Webers. Das Fräulein empfahl ihren in Bedrängnis geratenen Lehrer ihrem Herrn, dem Herzog Eugen Friedrich Heinrich von Württemberg. Dieser musikliebende Fürst, der sich den schönen Künsten als Mäzen verpflichtet fühlte, bewohnte damals ein Schloß in Carlsruhe (Oberschlesien), das dem Vorbild des «Weimarer Musenhofes» nacheiferte. 1794 hatte sein Schloß ein eigenes kleines Theater erhalten, das, die Bühnenmaße betreffend, dem von Breslau ähnlich war. Weber hatte an den Herzog die Bitte gerichtet, ihm einen Titel zu verleihen, der ihm auf Grund des ausgezeichneten Rufes der herzoglichen Kapelle auf seinen bevorstehenden Konzertreisen von Nutzen sein könnte. Auf Franz Antons Drängen hatte Weber sogar seine adelige Herkunft in diesem Schreiben betont, was er besser unterlassen hätte, denn der Herzog reagierte darauf sehr eindeutig in seinem sonst so liebenswürdig gehaltenen Antwortschreiben:

«Ew. Hochwohlgeboren gefälliges Schreiben haben hier in Ludwigsburg zu erhalten die Ehre gehabt, und ich bin Ihnen für das mir bezeugte Vertrauen recht sehr verbunden. Nach Ihrer Aeußerung ist Ihnen der Charakter als ‹Musik-Intendant› bei Ihren Reisen von einigem Vortheil und ich stehe nicht an, Ihren Wunsch darunter zu erfüllen und Sie mit Vergnügen, wie hiermit geschieht, zu meinem Musik-Intendanten zu ernennen. Sehen Sie dieß als einen Beweis an, daß sowohl meine Frau Gemahlin Liebden, als auch ich, Ihrem Kunsttalente volle Gerechtigkeit wiederfahren lassen. Sehen Sie es ferner als ein Merkmal an, daß wir Ihren persönlichen Charakter und guten Eigenschaften schätzen und n u r diese, keineswegs aber Ihren Stand und Ihre Familienverhältnisse, auf die hierbei keine Rücksicht genommen ist, uns dazu bewogen haben. Jede Gelegenheit Ihnen mein Wohlwollen zu bethätigen werde ich eben so gern ergreifen.»[24]

Auf Drängen des Fräulein von Belonde, die Weber sehr verehrte, lud der Herzog nicht nur Carl Maria nach Carlsruhe ein, sondern auch seinen Vater und seine Tante Adelheid, die vor dem Anmarsch französischer Truppen aus München nach Breslau geflüchtet war. Vom Spätsommer des Jahres 1806 bis Februar 1807 lebte Weber im herzoglichen Schloß und genoß, nach den harten Breslauer Monaten, das angenehme Leben in vollen Zügen. Fern von seinen Gläubigern, verdrängte er die ihn im Grunde immer noch bedrohende Existenznot. Er begann wieder zu komponieren. Für die herzogliche Kapelle entstanden Webers einzige *Sinfonien Nr. 1 C-Dur op. 19, J. 50* und *Nr. 2 C-Dur, J. 51*. Auf Grund ihrer Instrumentation können wir die Besetzung der herzoglichen Kapelle rekonstruieren: eine Flöte, zwei Oboen (des Herzogs Lieblingsinstrument), zwei Fagotte, Trompeten, Hörner, Pauken und Streicher.

Den *Sinfonien* Webers ist oft Bedeutungslosigkeit unterstellt worden, da sie der Form nach nicht im Sinne der traditionellen Vorbilder gestaltet sind. Es wird Weber vorgeworfen, daß er Beethoven als Symphoniker nicht genau genug studiert habe, daß er dessen symphonisches Prinzip, den Themendualismus, nicht aufgenommen habe, obwohl die «Eroica» seit über einem Jahr erschienen war. In Webers *Sinfonien* finden wir, abgesehen von der unüberhörbaren Haydn-Nachfolge, eine originelle Themenbehandlung, die auf die orchestrale Form der romantischen Programmmusik hinweist. Ähnlich wie später bei Schumanns «Vierter Symphonie» (der eigentlich Zweiten), die aus einer «Symphonischen Fantasie» hervorgegangen ist, wird bei Weber die Auflösung der traditionellen Form in einen rhapsodischen, freieren Themenbau deutlich. Die Originalität der Einfälle, die kurz entschlossenen Modulationen und die reizvollen Orchesterfarben lassen Webers formale Unbekümmertheit vergessen, sie vermitteln mitreißende Spontaneität und jugendliche Frische. Weber war auf dem symphonischen Weg, den später Schumann, Berlioz und Mahler eingeschlagen haben.

Ohne Zweifel hätte Weber, wäre er nicht schon im Alter von kaum 40 Jahren gestorben, Bedeutendes zur Entwicklung der symphonischen Tradition beitragen können. Weber selbst hat das *Allegro con fuoco* seiner *1. Sinfonie* als *tollen Phantasiesatz, im Ouvertürenstil, in abgerissenen Sätzen*[25] bezeichnet. In beiden Symphonien beeindrucken die langsamen Sätze besonders. Im Andante der *1. Sinfonie* sind Anklänge an die «*Freischütz*-Harmonik» und «Agathe-Kantilenen» unüberhörbar. *Sechs Variationen für Bratsche über das österreichische Lied «A Schüsserl und a Reinderl»* (J. 49), das Liebeslied *Ich denke dein (op. 66, Nr. 3; J. 48), Sieben Variationen für Klavier über Bianchis Air «Vien quà, Dorina bella» (op. 7; J. 53)* und ein später revidiertes *Hornkonzert* sind die kompositorischen Früchte jener glücklichen unbeschwerten Carlsruher Zeit.

1807 rückte die mit den württembergischen Truppen verbündete französische Armee in Schlesien ein. Herzog Eugen konnte nicht länger in Carlsruhe bleiben. Die herzogliche Kapelle wurde zwar erst 1809 aufge-

Schloß Carlsruhe bei Brieg in Oberschlesien

löst, aber Carl Maria verließ bereits am 23. Feburar 1807 das Schloß, um als Privatsekretär von Herzog Eugens Bruder, dem Herzog Ludwig, nach Stuttgart zu gehen, wo er am 17. Juli eintraf. In den fünf Monaten davor lebte Weber kurze Zeit bei Freunden in Breslau, bis ihn ein Gläubiger erkannte. Eine schnell organisierte «Kunstreise» brachte ihn außer Reichweite und führte ihn nach Bunzlau, Bautzen, Dresden, Leipzig, Altenburg, Plauen, Bayreuth und Nürnberg, dann nach Erlangen, Amberg und Ansbach, wo er auch einige Konzerte gab.

Ich entsagte also eine Zeitlang der Kunst als ihr unmittelbarer Diener und lebte im Hause des Herzogs Louis von Württemberg in Stuttgart. Hier, von der freundlichen Teilnahme des trefflichen Danzi ermuntert und angeregt, schrieb ich eine Oper «Silvana» nach dem Sujet des früheren «Waldmädchens» von Hiemer neu bearbeitet, den «Ersten Ton», Ouvertüre, umgearbeitete Singchöre, wieder Klaviersachen usw., bis ich 1810 mich wieder ganz der Kunst weihte und abermals eine Kunstreise antrat. Von dieser Zeit an kann ich ziemlich rechnen, mit mir abgeschlossen gewesen zu sein, und alles, was die Folgezeit getan hat und tun wird, kann nur Abschleifen der scharfen Ecken und das dem feststehenden Grunde notwendige Verleihen von Klarheit und Fasslichkeit sein.

Ich durchzog Deutschland nach verschiedenen Richtungen, und die Liebe, mit der ich im ganzen meine Leistungen als ausübender und dichtender Künstler aufgenommen sah, der Ernst, der ihnen bei oft heftigem Widerspruche und Anfällen doch stets geweiht wurde, liess auch mich alle die Kraft und alle die Reinheit des festen Willens aufbieten, die allein den Menschen zum wahren Priester seiner Kunst heiligt.[26]

Weber in Stuttgart

Wie der Weber-Biograph Max Maria von Weber schreibt, fiel in den Stuttgarter Lebensabschnitt seines Vaters «auf das helle Licht seines edlen Charakters ein vorübergehender Schatten»[27]. Und eigentlich war es schon vorauszusehen, daß sich Carl Maria von Weber als Sekretär des Herzogs Ludwig Friedrich Alexander von Württemberg in seinem neuen «Beruf» Schwierigkeiten einhandeln würde. Das ungewohnte Leben an dem Hofe eines Duodezfürsten übte einen verführerischen Reiz auf ihn aus. Der Hof in Stuttgart eiferte Versailles nach; König Friedrich von Württemberg, der Bruder von Webers neuem Brotherrn, hatte seinen Titel von Napoleon verliehen bekommen, mit dem er sympathisierte.

Als «Geheimer Sekretär» war Weber gewissermaßen der «Geschäftsführer» der herzoglichen Hofhaltung. Seine Aufgabe bestand vornehmlich darin, für Herzog Ludwig bei dessen königlichem Bruder Geld zu leihen, die Privatkorrespondenz und die Buchhaltung des Hauses zu führen, und manche, oft heikle Privatgeschäfte für ihn zu erledigen, deren Manipulationen, juristisch gesehen, sich nahe an der Grenze zum Betrug oder der Unterschlagung bewegten. Weber, der bisher gewohnt war, anspruchslos zu leben, stürzte sich bedenkenlos in das verschwenderische Hofleben, hielt sich ein Reitpferd und gleich einen Knecht dazu, fehlte bei keinem Fest und versuchte, seine bürokratische Tätigkeit, die ihm im Grunde genommen zuwider war, durch aristokratische Vergnügungen erträglicher zu gestalten. Kleine Plänkeleien mit dem König, meist in brieflicher Form, zeigten Webers kritische Position dem Württemberger Despoten gegenüber.

Doch sie blieb letztlich wirkungslos, denn Friedrich reagierte auf Webers ironische und witzige Bemerkungen nur mit herablassender Grobheit: stundenlanges vergebliches Warten auf eine Audienz und ähnliche Methoden, mit denen Vorgesetzte unliebsame Untergebene zu schikanieren pflegen. Einmal bekam Weber für einen Spaß die Wut des Königs besonders zu spüren: er hatte einer alten, des Weges unkundigen Bediensteten, die nach der Hofwäscherin fragte, in des Königs Gemächer geschickt. Einen Tag mußte Weber in Haft zubringen, allerdings stand in dem Raum ein verstimmtes Klavier, das er mit einem Türschlüssel gestimmt haben soll, um dann das beziehungsreiche Lied *Ein steter Kampf ist unser Leben op. 15, Nr. 2, J. 63* zu komponieren.

In Stuttgart wurde Weber mit Dichtern, Malern und Musikern be-

*Stuttgart.
Kupferstich,
1810*

kannt, die sich in einer Art «Geheimbund» zusammengeschlossen hatten.
«Faust's Höllenfahrt» hieß diese Vereinigung. Jedes Mitglied trug einen Spitznamen: Weber zum Beispiel nannte sich «Krautsalat». Webers Freund, der Hofkapellmeister und Komponist Franz Danzi, hieß «Rapunzel». Hiemer wurde «Reimwol» getauft. Der Stuttgarter Schriftsteller Franz Carl Hiemer, Textdichter der Oper *Silvana*, erhielt am 19. Juli 1809 eine gereimte «Epistel» von Carl Maria, die charakteristisch für den ungezwungenen Ton und die Geselligkeit der Künstlerfreunde untereinander war.

> *Da Prosa Sie nicht rühren kann*
> *So fängt mein Brief mit Versen an.*
> *O allgewaltiger Reim-Tyrann!*
> *Der alles, was er will, auch kann,*
> *Erhör des Komponisten Flehn;*
> *Laß ihm die Krisis nicht vergehn,*
> *In der Er durch Dich inspirirt*
> *So manche Nummer expedirt . . .*
> *Nicht eher will ich ruhen, rasten,*
> *Und sollt ich zwanzig Tage fasten*
> *Kein Mädchen küssen*
> *In's Bette p- -*
> *Klavier nicht spielen*
> *Stets Hunger fühlen*
> *Nicht singen können*

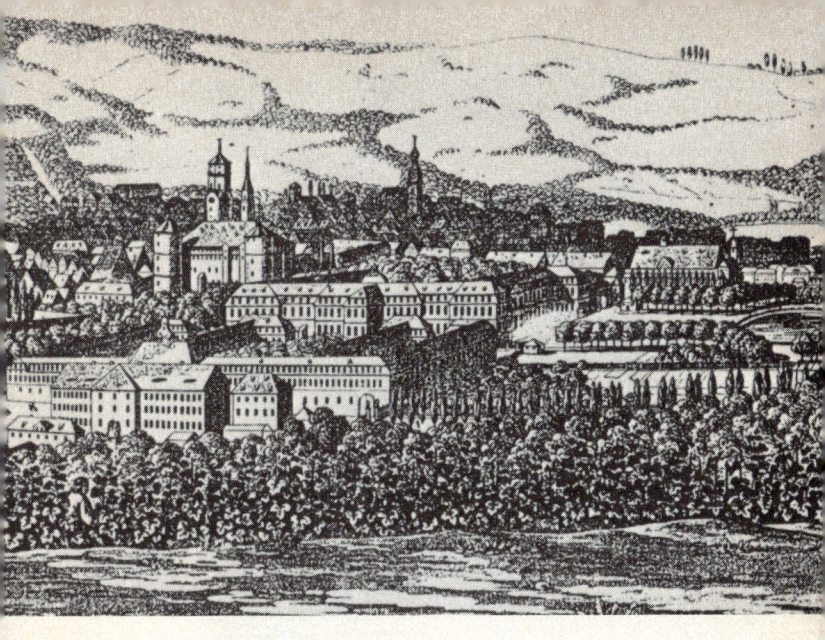

Das Maul verbrennen
Kurz keine Note kennen mehr
Zu Grunde gehn – und was noch mehr –
Bis daß ich freudig rufen kann –
Poetischer Ochsenziemer! –
O Brief! – Dir gleicht kein Gold Arcan
Denn – Du bezwangst den Hiemer.[28]

Besonders die Freundschaft mit Danzi war für Weber anregend, denn der ältere Freund gab dem jungen Komponisten wertvolle, praktische Ratschläge. Danzi war hochangesehen und hatte glänzende Verbindungen. Er verschaffte Weber Zutritt zu den Stuttgarter Theaterkreisen. Aus dieser Zeit stammt Webers Liaison mit der Sopranistin Margarethe Lang. Die zwanzigjährige Opernsängerin verstand es, Weber in Atem zu halten, der für sie immer wieder neue Schulden machte. Ein Brief Gretchen Langs an Weber ist uns erhalten. Darin lädt sie Weber zu einer Probe der lustigen Travestie «Marc Anton» ein, die im Kreise der «Faust's Höllenfahrt»-Mitglieder aufgeführt werden sollte. Weber spielte die Cleopatra, Gretchen Lang den Marc Anton, der Dichter Franz Carl Hiemer, der für Weber die Operntexte zu *Silvana* und *Abu Hassan* geschrieben hat, stellte die Octavia dar, Danzi war Cleopatras Amme, die Sängerin Miedke spielte den Octavian, Hofrat Lehr die Schlange.

«Hoch – Wohl – Edel – tugendhaft – siebherzig und was weiß ich noch alles Geborener!

Die Zeit ist zu kurz und der Verstand von Gretchen Lang nicht lang

*Franz Danzi.
Zeichnung von
H. E. von Winter*

genug, um wie Sie in Hexametern zu schreiben, darum sage ich Ihnen
eiligst in Prosa sub Rose (nicht Rosa Bautze), daß wir gesonnen sind,
sobald Sie gewonnen und dann noch gesonnen sind die Kleopatra zu
spielen und der Hiemer gesonnen ist die Octavia, die erst Lehr unbeson-
nen genug war spielen zu wollen, also Hiemer nun gesonnen ist zu spielen,
wir also nun gesonnen sind es nach Untergang der nächsten Sonne aufzu-
führen, dafern Sie gesonnen sind den Spaß mitzumachen und uns die Ehre
Ihr Talent zu bewundernden Vergnügen gesetzmäßig beizutragen. Ver-
standen? Es heißt nämlich: Morgen Abend möchten wir gern Probe hier
machen, kommen Sie also bis sechs Uhr hierher, damit wir probiren
können die Probe zu probiren.

Ihre Sie eben so hochverehrende als tief schätzende und zärtlich liebende

Gretchen Lang
Wird Ihnen nicht bang
Um Ende und Anfang
meines Verstands?

Viel tausend Grüße, Küsse und Schüsse an Fausts Höllenfahrt!»[29]

In den drei Stuttgarter Jahren verschuldete Weber sich immer mehr. Die häufigen Umzüge des Hofes von Stuttgart nach Ludwigsburg belasteten seine Finanzen ebenso wie die Reisen, auf denen er die herzogliche Familie begleiten mußte. In Aussicht gestellte Reisekostenvergütungen wurden vom Herzog nicht gezahlt. Aber Carl Maria wollte auch nicht auf seinen Status als Kavalier verzichten. So bahnte sich die Katastrophe an, zumal 1809 sein ebenfalls mit Schulden befrachteter Vater nach Stuttgart kam und beim Sohn Aufnahme fand. Zu dieser Zeit komponierte Weber eine Schauspielmusik zu Schillers «Turandot» (nach Gozzi) für Franz Danzi. Seine 1804 in Breslau entstandene *Ouvertura Cinesa* arbeitete er um und fügte sechs weitere Stücke hinzu. Schon in Stuttgart hätte eigentlich Webers Begabung, für das Theater, für die Oper zu komponieren, weitaus stärker hervortreten müssen, hatte er doch in Danzi einen einflußreichen Freund, mit dem zusammen er die Chance gehabt hätte, Theaterpläne in die Tat umsetzen zu können. Immerhin fällt die Komposition der Oper *Silvana* auf ein Libretto von Hiemer in diese Jahre. Mehrere Lieder, instrumentale Kammermusik und Klavierkompositionen (darunter die *Grande Polonaise pour le Pianoforte op. 21, J. 59*) und die Kantate *Der erste Ton* hat Weber damals geschrieben. In dieser Kantate – sie behandelt die Schöpfungsgeschichte – finden sich thematische Verwandtschaften zu Richard Wagner und Ansätze zur leitmotivischen Verarbeitung.

Ein entscheidender Einschnitt im Leben des jungen Komponisten war jedoch nicht, wie vielleicht zu erwarten gewesen wäre, etwa die Komposition eines Werkes, das ihn über Nacht berühmt gemacht hätte, oder das Avancieren bei Hofe durch die Freundschaft einer schönen, reichen Dame, nein – dieser Einschnitt war überhaupt nicht erfreulich, schmeichelhaft oder gar ruhmreich; er war deprimierend und erbärmlich: Weber wurde wegen Unterschlagung, Bestechung und Diebstahls am 9. Februar 1810 während einer Probe im Theater verhaftet. Sechzehn Tage blieb er eingesperrt, ehe ihm der Prozeß gemacht wurde. Es ist anzunehmen, daß Weber durch seine Tätigkeit als «Geschäftsführer» des Herzogs sämtliche Tricks kennengelernt hatte, sich Geld zu beschaffen. Und vor allem hatte er gelernt, Geld auszugeben – kurz gesagt: er hatte Routine im Schuldenmachen. 1810 waren seine Verbindlichkeiten auf 2500 Gulden angewachsen, und Weber war sich darüber im klaren, daß er seine Gläubiger, aus mehreren Teilen Deutschlands, nie würde befriedigen können, wenn nicht ein Wunder geschah.

Ohne zu übertreiben kann man Webers finanzielle Situation mit der des königlichen Hofes vergleichen. Doch im Gegensatz zu seinen Untertanen wußte sich der König zu helfen. Er verkaufte Ämter bei Hofe an Wehrpflichtige, die sich auf diese Weise vom Kriegsdienst «befreien» ließen. Ein ehemaliger Reitknecht Webers, ein gewisser Huber, schlug Weber zur Deckung einer (wahrscheinlich durch seinen Vater Franz Anton verschuldeten) Unterschlagung eine solche Kriegsdienst-Manipulation vor. Es klingt zwar ziemlich unglaubwürdig, daß Weber seinen

Herzog Ludwig von Württemberg

früheren Diener nicht gefragt haben soll, wie er ihm 1000 Gulden vom Gastwirt Höner beschaffen konnte, nachdem Weber selbst dort einen abschlägigen Bescheid erhalten hatte. Aber alle Weber-Biographen zitieren Max Maria von Weber, wonach der Komponist und Geheime Sekretär Weber, ohne Argwohn den Schuldschein des Gastwirts Höner unterschrieben haben soll. Ob Weber bewußt oder stillschweigend die Huberschen Machenschaften geduldet hat, ist letzten Endes unerheblich. Fest steht, daß der Gastwirt Weber die 1000 Gulden gegeben hatte, weil er annahm, daß Weber sich bei Hofe für seinen Sohn verwenden würde. Als im Januar 1810 jedoch der Gastwirtssohn einberufen wurde, platzte der Schwindel und Weber wurde zur Verantwortung gezogen. Bei der Verhandlung wurde Weber auch angeklagt, fürstliches Tafelsilber gestohlen zu haben. In seiner Wohnung waren angeblich Beweisstücke sichergestellt worden. Ob in diesem Fall ihm jemand einen üblen Streich spielen wollte, ist nicht geklärt.

Die zweite Anklage lautete auf die Veruntreuung jener Summe, die von Weber inzwischen an den Herzog zurückgezahlt worden war, mit

König Friedrich I. von Württemberg

eben dem Geld des Gastwirts Höner. Warum sich Weber 200 Gulden mehr geliehen hatte, als er zur Rückzahlung benötigte, ist unbekannt. Die dritte und schwerwiegendste Anklage war die Manipulation mit dem wehrpflichtigen Jungen. Der König, der den Prozeß selbst leitete, wollte kein Aufsehen, da er fürchtete, daß die Tatsache des Ämterverkaufs bei Hofe in der Bevölkerung Unruhen hervorrufen könnte. Weber und sein Vater wurden sofort des Landes verwiesen. Obwohl über vierzig Gläubiger dafür sorgten, daß Weber zum zweitenmal verhaftet wurde, gelang es ihm, beim König zu erwirken, daß er doch aus Württemberg ausreisen durfte, nachdem er versprochen hatte, sämtliche Schulden nach und nach zurückzuzahlen. Die Gläubiger stimmten der Entlassung aus der Haft und der Niederlegung des Gerichtsverfahrens zu, da sie eingesehen hatten, daß ein arbeitender Komponist seine Schulden eher würde abtragen können als ein eingesperrter. Am 26. Februar 1810 überquerten Franz Anton und Carl Maria von Weber die württembergische Grenze bei Fürfeld in Richtung Mannheim, mit Empfehlungsbriefen des Freundes Danzi in den leeren Taschen.

Ich durchzog Deutschland
nach verschiedenen Richtungen . . .

Die Jahre 1810 bis 1813 waren geprägt von neuen Eindrücken, neuen
Freunden und der Besinnung auf den Beruf des Musikers und Komponisten. Über drei Jahre war Weber auf Reisen. Die unruhige Wanderschaft
des Komponisten, der einen Schlußstrich unter die Stuttgarter Erfahrungen gesetzt hatte, gleicht einer Suche nach seiner Identität. Verwirrend ist
die Vielzahl der Bekanntschaften, die er auf diesen Reisen machte, verwirrend auch die Sprunghaftigkeit, mit der Weber Konzerttourneen
plant, welche Städte er besucht, zwischen welchen Orten er unentschlos-
sen hin und her pendelt.

Webers unruhiges Wanderleben in dieser Zeit war aber nicht nur ein
Ausdruck seiner psychischen Verfassung. Ausgedehnte Konzertreisen
waren für einen Musiker und Komponisten, der sich einen Namen machen wollte, lebenswichtig. Selbst in unseren Tagen, wo die Massenme-
dien ihren Teil dazu beitragen, einen Künstler populär zu machen, besser:
zu vermarkten, ist es von Zeit zu Zeit nötig, den direkten Kontakt zum
Publikum zu pflegen. Allerdings nimmt heutzutage das Management dem
Künstler die organisatorischen Vorbereitungen für sogenannte «Live»-
Auftritte ab. Um Verbindungen zu den potentiellen Auftraggebern der
damaligen Zeit zu halten, mußte Weber reisen und Proben seines Kön-
nens jeweils «vor Ort» ablegen; das hieß meistens, an Fürstenhöfen oder
in Residenzstädten spielen, denn Kompositionsaufträge vergeben oder zu
Konzertveranstaltungen einladen, das konnten sich zu Webers Zeit nur
privilegierte Kreise leisten. Diese Aufgaben haben heute weitgehend die
Kommunen mit ihren Theatern, den städtischen und staatlichen Orche-
stern, und vor allem die Rundfunkanstalten übernommen, obwohl sich
letztlich, was die Anzahl der Aufträge an Komponisten angeht, seit
Mozarts und Webers Zeiten kaum etwas geändert hat. Weber, der sich
gerne Notizen machte, indem er Worte nur mit einem Buchstaben ab-
kürzte, hätte heute wie zu seiner Zeit Grund genug gehabt, in sein
Tagebuch zu schreiben «B. G. V. K.»; Beziehung geht vor Können. Eine
Anstellung als Hofkapellmeister hätte ihn aller materieller Sorgen entho-
ben. Aber einerseits zögerten die entsprechenden Stellen, Weber ein
Angebot zu unterbreiten, denn Webers hohe Verschuldung und die Umstände seines Fortgangs aus Stuttgart hatten sich herumgesprochen; andererseits zögerte auch Weber, sich jetzt schon zu binden, denn er wollte
nicht allzu frühzeitig in Abhängigkeit geraten. Die Reisejahre machten

Webers Namen in den deutschen Städten bekannt. Webers erste Station nach der Verbannung aus Württemberg war Mannheim, eine musikbegeisterte Stadt. Die politische Lage war der in Stuttgart nicht unähnlich, auch hier war Napoleons Einfluß zu spüren. Nur konnten sich die Mannheimer auf eine großartige Musiktradition berufen, die unter dem Kurfürsten Carl Theodor ihre Blütezeit erlebt hatte. Trotz politischer Zensur hatten sich künstlerische Zirkel gebildet, die aus privater Initiative das kulturelle Leben der Stadt aufrechterhielten. Im Palais Hillesheim hatte sich eine Gesellschaft zusammengefunden, die philosophische, literarische und musikalische Ambitionen hatte. Zu Ehren des von Napoleon eingesetzten Großherzogs Carl und seiner Frau Stephanie nannte man sich das «Carl-Stéphanie-Museum». Hier wurden Konzerte veranstaltet, die Gottfried Weber leitete, ein Jurist, der in Mainz, Darmstadt und Mannheim als Rechtsanwalt und Richter tätig gewesen war. Das Niveau der dilettierenden Musiker jener Zeit kann mit den Musikliebhabern unserer Tage nicht im entferntesten verglichen werden. Unter den Laienmusikern des 18. und 19. Jahrhunderts gab es viele, die eine Virtuosenkarriere hätten anstreben können. Meist hielt sie der sozial als Abstieg betrachtete Musikerstand davon ab.

Carl Maria und Franz Anton von Weber fanden in Mannheim herzliche Aufnahme. Durch Danzis Empfehlungen tat Webers Namensvetter Gottfried (mit dem er nicht verwandt war) alles, um Weber in das kulturelle Leben der Stadt einzuführen. Er arrangierte Konzerte für ihn, die seine ersten *Sinfonien*, das *Klavierquartett*, *Klavierwerke* und die obligaten Improvisationen auf dem Programm hatten. Bei der Uraufführung der

Mannheim: das Nationaltheater. Stich von Klauber

Gottfried Weber. Stich von Devrient nach Müller

Kantate *Der erste Ton* am 2. April 1810 war sogar die großherzogliche Familie anwesend. In Heidelberg lernte Weber Alexander von Dusch kennen, einen Schwager Gottfried Webers. Dusch ist mit Webers Biographie durch die gemeinsame Entdeckung von Apel–Launs «Gespensterbuch» verbunden, das sie gemeinsam im Sommer 1810 auf Schloß Neuenburg bei Heidelberg entdeckten. Weber erkannte schon damals, daß die «Freischütz»-Novelle einen dramatischen Opernstoff ergeben könnte. Alexander von Dusch entwarf schon bald ein Szenarium. Aber die Arbeit am *Freischütz*-Libretto wurde nicht weitergeführt. Nach der ersten Begeisterung hatte Dusch die Erledigung dringender Geschäfte vorgezogen.

Schließlich wurde der Opernplan zurückgestellt. Weber wandte sich dem Einakter *Abu Hassan* (Text von Hiemer) zu, denn er hoffte auf eine Mannheimer Uraufführung. Der Hof nahm allerdings wenig Notiz von Weber, der auch eine Aufführung seiner Oper *Silvana* in Mannheim erwartete. Die Freunde versuchten Weber zwar einzureden, daß er Chancen habe, in Mannheim Kapellmeister zu werden, er müsse nur Geduld haben. Aber Weber blieb pessimistisch. Um so mehr nahm er am literarischen Leben Heidelbergs teil. Der Einfluß des Heidelberger Romantiker-

Kreises mit den Dichtern Clemens Brentano, Achim von Arnim, Rückert, Lenau, Eichendorff und den Brüdern Grimm war hier noch lebendig. In Heidelberg traf Weber auch Johann Heinrich Voß. Allerdings sollte sich eine Fortsetzung der Freundschaft mit ihm nicht anbahnen. «Gar zu sehr Luise!» bemerkte Weber über ihn in seinem Tagebuch und spielte damit auf das berühmte Epos des Dichters an.

Anfang April entschloß sich Weber, dessen Vater in Mannheim im Hause Gottfried Webers einen zufriedenen Lebensabend verbrachte, nach Darmstadt überzusiedeln. Hier lebte sein alter Lehrer, der Abt Vogler, und sein Freund Johann Baptist Gänsbacher. Mit einem Schüler Voglers freundete sich Weber an: mit dem neunzehnjährigen Berliner Bankierssohn Jakob Beer, der sich später Meyerbeer nannte.

Kaum fühlte sich Weber in Darmstadt heimisch, mußte er, um seine Existenz zu sichern und die drückende Schuldenlast abzutragen, auf Konzertreisen gehen, die ihn nach Aschaffenburg, Amorbach und Frankfurt führten.

Frankfurt war die Stadt, die Weber Glück brachte. Hier wurde endlich seine Oper *Silvana* zur Aufführung angenommen, hier traf er den Musikverleger Simrock, der einige seiner Arbeiten verlegte, und hier lernte er seine spätere Frau, die Sängerin Caroline Brandt kennen. Im Nachbarort Offenbach verkaufte er an den Verlag André seine *1. Sinfonie,* das noch unvollendete *Klavierkonzert Nr. 1 op. 11, J. 98* und mehrere *Violinsonaten,* die er im Auftrag zu schreiben hatte. Am 14. Juli ging die Reise weiter nach Baden-Baden, wo er auf Empfehlung Voglers vom bayerischen Kronprinzen freundlich empfangen wurde. Das geplante Konzert allerdings platzte, da der Tenor Berger aus Mannheim abgesagt hatte und außerdem nirgends ein Klavier aufzutreiben war. Immerhin tröstete sich Weber damit, daß er hier Tieck und Cotta besuchen konnte, die mit großem Interesse von seinem begonnenen Roman *Tonkünstlers Leben* hörten und Weber zum Weiterschreiben ermunterten. Konzerte in Mannheim und Heidelberg folgten. Ende August war Weber wieder in Frankfurt, um die Schlußproben seiner *Silvana* zu leiten. Die Generalprobe verlief vielversprechend. Am 16. September fand die Premiere statt, die durch ein spektakuläres Ereignis überschattet wurde: für den gleichen Tag war Madame Blanchards Ballonaufstieg angekündigt. Nun war nicht mehr Webers neue Oper das Frankfurter Tagesgespräch – alles drehte sich nur noch um diese außergewöhnliche Madame Blanchard. Sogar die Anfangszeit der Premiere mußte ihretwegen verschoben werden. Daß Weber selbst bei ihr wegen einer Verschiebung des Ballonaufstiegs vorgesprochen hat, ist nicht belegt; noch weniger die Anekdote, daß er, für einen Augenblick mit Madame Blanchards plärrendem Sohn alleingelassen, zu dessen Beruhigung das Wiegenlied *Schlaf, Herzenssöhnchen op. 13, Nr. 2, J. 96* komponiert hat. Nachweislich hatte Madame Blanchard gar keine Kinder . . . Zur Frankfurter Uraufführung waren alle Freunde Webers erschienen. Die Oper wurde mit Beifall aufgenommen, wenn auch im Parkett und auf den Rängen mehr über Madame Blanchard als über *Silvana* gesprochen wurde. Caroline Brandt, die Weber als Sängerin

Giacomo Meyerbeer. Foto Nadar, Paris

schätzte, sang die Titelpartie. Erst einige Jahre später sollten sich ihre Wege erneut kreuzen und dann zu einer dauerhaften Verbindung führen.

In Darmstadt vollendete Weber am 4. Oktober sein *1. Klavierkonzert.* Im Herbst dieses Jahres stellte er die Satzungen des von ihm ins Leben gerufenen «Harmonischen Vereins» zusammen. Mit diesem Verein wollte Weber nicht allein einige Grundsätze seiner romantischen Kunstauffassung niederlegen, zugleich sollte dieser Zusammenschluß von Gleichgesinnten dazu beitragen, sie in der Öffentlichkeit bekannter zu machen. Gemäß den Bestimmungen des Vereins legten sich die Mitglieder Pseudonyme zu: «Melos» (Carl Maria von Weber), «Giusto» (Gottfried Weber), «Unknown man» (Alexander von Dusch), «Philodikaios» (Meyerbeer), «Triole» (Gänsbacher). Später kamen der Tenor Berger, der Breslauer Organist Berner und Danzi als Mitglieder hinzu.

In der Praxis hat sich der «Harmonische Verein»[30] nicht behaupten können. Die geplante Publikation des Vereins, «Zeitung für die musikalische Welt», kam nie heraus. Zwar pflegten die Mitglieder untereinander einen regen Gedankenaustausch, aber eine Wirkung nach außen hatte die Vereinigung nicht. 1813 brach der «Harmonische Verein» auseinander.

Nach der Uraufführung seiner Oper *Silvana* arbeitete Weber an einer neuen Oper, dem Einakter *Abu Hassan*, zu dem Hiemer das Libretto verfaßt hatte. Gerade war die Abrechnung der *Silvana* aus Frankfurt eingetroffen, die ihm 100 Gulden eingebracht hatte (die er gleich mit anderen Einnahmen nach Stuttgart zur Tilgung seiner Schulden schickte), als er zuerst den beziehungsreichen Chor der Gläubiger in *Abu Hassan* komponierte: «*Geld, Geld, Geld!*»

Die verschiedenen Untertitel der einaktigen komischen Oper reichen von «Gläubigerburleske» bis «Deutsches Singspiel». Die Bezeichnung «Türkenoper» trifft den Charakter und die musikgeschichtliche Einordnung der Oper *Abu Hassan* am besten, denn sie ist in der Nachfolge dieses Genres, das auch Gluck, Mozart und Webers Lehrer Vogler komponiert haben, entstanden. *Abu Hassan* ist eine Geschichte aus 1001 Nacht; es geht um Geld, Schulden, Gläubiger – ein Thema, das Weber nicht fremd war. Höhepunkt der Oper ist die Szene, wo Abu Hassan und seine Frau Fatime sich abwechselnd tot stellen, um den jeweils fälligen Begräbniszuschuß vom Kalifen zu kassieren.

Abu Hassan ist ein großer Schritt vorwärts in der musikdramatischen Entwicklung Webers. Nicht zu Unrecht werden Passagen aus diesem Werk mit Mozarts «Entführung» verglichen. Die Uraufführung des *Abu Hassan* fand in München am 4. Juni 1811 statt.

Zehn Jahre mußten verstreichen, bis Weber wieder eine Oper komponierte, eine Oper – die dann seinen Weltruhm begründen sollte.

Webers Freund Gänsbacher war inzwischen nach Prag gezogen, Dusch und andere waren abgereist. Weber hielt es nicht länger in der Stadt, in der die Musik *eine ewige Probe ohne Aufführung* war. Hauptstationen seiner Kunstreise waren München, die Schweiz und Berlin. Auf seiner Fahrt nach München machte Weber Halt in Aschaffenburg, um den alten Abbé Franz Xaver Sterkel zu treffen, den Beethoven so sehr bewundert haben soll. Über Würzburg gelangte Weber am 3. März 1811 nach Bamberg. Hier führte er anregende und harmonische Gespräche mit dem Schriftsteller-Komponisten Ernst Theodor Amadeus Hoffmann. Über Erlangen, Nürnberg und Augsburg ging die Reise weiter. In München traf Carl Maria am 14. März ein. Die Stadt überfiel ihn geradezu mit Einladungen zu Konzerten und Gesellschaften, die ihn im Grunde genommen eher betäubten als förderten. In den Münchner Aufenthalt fallen einige Liebesaffären, die er in seinem Tagebuch mit den Buchstaben *A. W. T. N. (Alle Weiber taugen nichts)* kommentiert.

Wichtig für Weber war München als Uraufführungsort seines *Abu Hassan*, der hier erfolgreich am 4. Juni 1811 unter seiner Leitung erklang. Ähnlich wie bei der *Silvana* gab es nur ein kleines, äußerliches Mißgeschick: die Aufführung an der Münchner Hofbühne wurde durch falschen Feueralarm gestört.

Bedeutung kommt auch der Vertiefung der Freundschaft mit dem Klarinettisten Bärmann zu, für den Weber seine Klarinettenkonzerte

*München.
Radierung
von Domenico Quaglio,
1810*

komponiert hat. Eine Kapellmeisterstelle in Wiesbaden schlug Weber wegen der zu geringen Gage aus. Am 9. August verließ er München, um in die Schweiz zu reisen, das dortige Musikleben zu studieren, aber auch, um die Landschaft kennenzulernen. Über Ravensburg wollte Weber Konstanz erreichen, aber er hatte nicht mit den aufmerksamen Grenzbeamten gerechnet! Ravensburg gehörte zu Württemberg, das ihm bei Strafe verboten hatte, jemals wieder dieses Land zu betreten. Weber wurde inhaftiert. Nach mehr als drei Tagen entließ man ihn aus dem Gewahrsam und verfrachtete ihn per Schiff nach Konstanz. Beim Musikfest in Schaffhausen traf er Meyerbeer und seine Familie. In Winterthur mußte Weber sein *1. Klavierkonzert* für Streichquintett arrangieren, da das Orchester nicht imstande war, die Komposition zu spielen. Von Zürich reiste er weiter nach Bern. Die Schweizer Landschaft beeindruckte ihn ebensosehr wie die freundliche Aufnahme: am 21. August 1811 wurde Carl Maria von Weber Ehrenmitglied des «Helvetischen Musikvereins». In Bern beschäftigte Weber eine Idee, die allgemeine Beachtung und eine Ausarbeitung verdient hätte. Seinem Freund Gänsbacher berichtete er darüber:

Ich habe in Zürich die Idee gefaßt, ein Noth- und Hülfsbüchlein für reisende Tonkünstler zu schreiben, welches zugleich ein Beitrag zur Kunstgeschichte der Zeit werden soll. Der Plan ist im Ganzen genommen der: durch dieses Buch, den Reisenden im Voraus in Stand zu setzen, ganz genau alle Musikalischen Verhältnisse einer Stadt zu kennen, zu wissen an wen er sich zu wenden habe ec. kurz ihm alle die 1000 schwer zu erfahren-

44

den, Geld und Zeit raubenden Hülfsmittel sogleich klar vorzulegen. Das *Buch soll vorderhand, Deutschland im weitern Sinne des Worts umfaßen, und von jedem Land, schicke ich einen Ueberblick des Kunstzustandes in demselben voraus, und davon ebenso von jeder Stadt.*

Ich bitte Dich sehr, wenn Du etwas an dem Plan auszusezzen finden solltest, es mir zu schreiben. Du brauchst Dich auch mit der Bearbeitung nicht zu übereilen, wenn ich es in 2–3 Monaten habe ist's Zeit genug. ich hoffe daß es ein interessantes Werkchen geben wird.[31]

Schon Max Maria von Weber bedauert, daß kein Verleger oder Kollege Webers diese kulturgeschichtlich interessante Idee aufgegriffen und verwirklicht habe.

Nach München zurückgekehrt, schrieb Weber hier die *Ouvertüre Beherrscher der Geister*, ein völlig umgearbeitetes Stück aus der verschollenen *Ouvertüre* zu *Rübezahl*. Auch die Entstehung des *Fagott-Konzertes op. 75, J. 127* fällt in die Münchner Zeit. Das *2. Klarinettenkonzert* führt Bärmann Ende November zum erstenmal auf.

Zusammen mit Bärmann wagt Weber Anfang Dezember eine weitere große Konzerttournee, die ihn über Prag, wo er Gänsbacher wiedertrifft, nach Dresden, Leipzig, Gotha und Weimar führt. In Weimar lernt er Goethe kurz kennen, den er nicht leiden kann, wie sein Tagebuch lakonisch vermerkt. Eher hingezogen fühlt er sich zu Wieland, dem Dichter des «Oberon». Außer in Dresden gaben die Freunde überall Konzerte, deren künstlerische Erfolge meist zufriedenstellender waren als das finanzielle

Hinrich Lichtenstein

Ergebnis. Am 18. Februar 1812 kamen Bärmann und Weber in Berlin an. Auch diese Stadt hatte die Herrschaft Napoleons zu spüren bekommen, der für den Rußland-Feldzug rüstete und Hilfeleistungen erzwang. Im literarischen Leben Berlins spielte der Kreis um Eichendorff keine Rolle mehr. Kleist, der im November 1811 seinem Leben ein Ende gesetzt hatte, geriet schon in Vergessenheit. Von der Oper konnte Weber wenig erwarten, denn deren Leitung verhielt sich dem fünfundzwanzigjährigen Komponisten gegenüber gleichgültig. Neue Impulse bekam das Musikleben Berlins durch die Singakademie, die Karl Friedrich Zelter leitete, der Freund Goethes und sein Berater in musikalischen Angelegenheiten. Der Singakademie angeschlossen war die «Liedertafel», für die Weber zwei Männerchöre schrieb, die im Sommer 1812 aufgeführt wurden. Freunde fand er im Kreis der Singakademie. Vor allem mit zwei Professoren der neuen Universität, an der Humboldt wirkte, schloß Weber enge Freundschaft, die sich bis zu seinem frühen Tod in London 1826 als dauerhaft bestätigt hat: mit dem Augenarzt Dr. Flemming und dem Mitdirektor der Singakademie, dem Zoologen Hinrich Lichtenstein. Mit Lichtenstein verband Weber seit Berlin ein reger Briefwechsel, der heute nur einseitig vorliegt, denn nach Webers Tod scheinen die Briefe Lichtensteins an Weber für unbedeutend angesehen und vernichtet worden zu sein. Daß der gebürtige Hamburger zu Webers besten und vertrautesten Freunden gehörte, zeigt nicht nur die briefliche Anrede *mein lieber (treuer) Bruder*, sondern auch, daß er mit Lichtenstein private und künstlerische Probleme diskutierte. So sind in der erhaltenen Briefsammlung auch Abschriften des Briefwechsels zwischen Weber und Spontini und dem Grafen Brühl (betrifft die Aufführung der *Euryanthe*) enthalten sowie einige Briefe Lichtensteins an Weber, die sich später wieder angefunden haben. Lichtensteins «Aufzeichnungen», die seinem Briefband vorangestellt sind, geben einen Einblick in die Berliner Gesellschaft, in der Weber verkehrte. Sie geben aber zugleich auch die Schwierigkeiten wieder, denen Weber ausgesetzt war, als er seine Oper *Silvana* in Berlin aufführen wollte.[32]

Am 16. April war Webers Vater in Mannheim gestorben. Fast ein Jahr sollte Carl Maria von Webers Wanderleben noch dauern. Über Leipzig und Weimar reiste Weber nach Gotha, wo er als Gast des Herzogs lebte, Konzerte gab und Musikunterricht erteilte. Eine zweite Begegnung mit Goethe fand in Weimar statt. Webers Kommentar an Lichtenstein: *man soll diese Heroen immer nur aus der Ferne anstaunen.* Neben Gelegenheitsarbeiten komponierte Weber sein *2. Klavierkonzert* zu Ende, verfaßte musiktheoretische Aufsätze und Kritiken. Am 1. Januar 1813 führte er in Leipzig sein neues *Klavierkonzert Nr. 2 Es-Dur* auf, das ihm Beifall und Lob eintrug.

Bald schon schmiedete er wieder Reisepläne. Diesmal sollte es von Leipzig aus über Wien und Prag nach Italien und Frankreich gehen.

Operndirektor in Prag

Am 12. Januar 1813 erreichte Weber die Stadt, in der er für einige Jahre das Musikleben entscheidend prägen sollte. Kurz nach seiner Ankunft in Prag wurde ihm die musikalische und organisatorische Leitung der Oper angeboten, da der bisherige Kapellmeister Wenzel Müller sein Amt niedergelegt hatte. Der Direktor des Prager Theaters, Liebich, hatte Weber auf Anraten Gänsbachers diese verantwortungsvolle Stelle angetragen. Weber schwankte. Ihn quälten Zweifel, ob er sich für längere Zeit binden sollte. Schließlich aber überzeugten ihn nicht nur die Protektoren der ständischen Theater-Verwaltung, die seine Berufung auf das entschiedenste unterstützten, sondern auch die Möglichkeit, seine Stuttgarter Schulden endlich loszuwerden; Weber sagte zu. Ausgestattet mit allen Vollmachten in künstlerischer und technischer Hinsicht, mit 2000 Gulden Jahresgehalt, sofort zahlbar, obwohl er offiziell seinen Dienst erst am 1. April antreten mußte, und drei Monaten bezahlten Urlaub im Vertrag begab sich Weber nach Wien, wo er sich Sänger und Musiker anhören wollte, um sie bei Eignung an die Prager Oper zu engagieren. Welches Vertrauen Direktor Liebich seinem Operndirektor entgegenbrachte, bezeugt die Vollmacht, die er dem sechsundzwanzigjährigen Weber erteilte:

«Krafft welcher [Vollmacht] ich, Endesgefertigter, dem Herrn Carl Maria von Weber, Operndirektor und Capellmeister des hiesigen K.ständischen Theaters, die volle Befugniß und Gewalt ertheile in meinem Namen für das hies.ständische Theater gute deutsche Sänger, Sängerinnen, Choristen und Figuranten, so wie Musiker für das Orchester zu engagiren und mit solchen die gehörigen Contracte abzuschließen.»[33]

Das Opernhaus zu Prag bestand seit 30 Jahren. 1783 war es mit Lessings «Emilia Galotti» eröffnet worden. Eine italienische Operngesellschaft unter Leitung von Pasquale Bondoni hatte ein Jahr später dort begonnen, Vorstellungen zu geben, die neben den beliebten Italienern auch Mozart-Opern aufführte. Hier wurde «Figaros Hochzeit» gespielt; am 29. Oktober fand die Uraufführung des «Don Giovanni» statt, und 1791 folgte «La Clemenza di Tito» aus Anlaß der Krönungsfeierlichkeiten für Leopold II., dessen Gemahlin diese Mozart-Oper mit den denkwürdigen Worten bedacht hatte: Una porcheria tedesca (Eine deutsche Schweinerei)!

Seit 1807 wurden am Opernhaus zu Prag meistens deutsche Singspiele gegeben, so daß Weber einiges daran zu tun hatte, einen Spielplan zu

Prag: das Ständische Theater. Stich von J. Berka

entwerfen, der den Nachholbedarf an bewährten und neuen Werken gleichermaßen befriedigte.

Bei der Neuorganisation der Oper ging Weber ebenso gründlich wie konsequent vor. Zunächst mußte er Neuengagements in Angriff nehmen. Kurz bevor er nach Wien abreiste, um dort Sänger und Musiker für Prag zu engagieren, erreichte ihn ein Bewerbungsschreiben von Caroline Brandt, die er als Silvana in Frankfurt schätzengelernt hatte. Mit großer Freude verpflichtete Weber sie als erstes neues Mitglied nach Prag. In Franz Clement fand er einen vorzüglichen Musiker, der den Platz des 1. Konzertmeisters einnahm. Die Zeit in Wien war ausgefüllt und anstrengend, denn Weber mußte fast täglich Vorsingen abhalten, Verträge ausfertigen, neue Opern studieren, Partituren und Aufführungsmaterial erwerben. Dazu kamen gesellschaftliche Verpflichtungen und Konzerte, denen sich Weber jetzt als Prager Operndirektor nicht entziehen konnte. In Wien begann Weber einen ausführlichen Arbeitsplan für das Ensemble auszuarbeiten. Ähnlich wie in Breslau wandten sich vor allem die Kollektive, das heißt Chor und Orchester gegen Neuerungen wie Dienstpläne und Dienstvorschriften. Aber Weber, der Kapellmeister, Korrepetitor, Chordirektor und Regisseur in einer Person war, konnte sich durchsetzen. Er wußte genau, daß er nur Erfolg haben konnte, wenn «sein» Opernhaus funktionsfähig durchorganisiert war, und so kümmerte er sich auch um die Bühnentechnik und den Kostümfundus, die Notenbibliothek und die Anstellungsverträge. *Das Orchester ist in Rebellion! – Die Correspondenz mit allen neu zu engagierenden Mitgliedern, als Sänger und Instrumentali-*

49

sten; die Organisierung aller Contracte, neue Gesetze für's Orchester und Chöre, eine confuse Bibliothek in Ordnung zu bringen und Catalog verfassen etc. dazu das Ueberlaufen von Menschen – es ist unbeschreiblich. Partituren corrigiren, dem Theater Meister Deccorationen beschreiben, den Garderobier etc . . . Ich stehe um 6 Uhr auf und arbeite noch oft um 12 Uhr Nachts. ich will Gott danken, wenn die Maschine nur erst im Gange ist, dann ist schon viel gewonnen.[34]

In kurzer Zeit lernt Weber Tschechisch, um sich in der Heimatsprache vieler seiner Mitarbeiter unterhalten zu können, aber auch, weil er festgestellt hatte, daß sie nur wagten, ihn in ihrer Muttersprache zu kritisieren. Das fast vollständig neu zusammengestellte Ensemble begann am 12. August mit den Proben zu Spontinis Oper «Fernando Cortez». Inzwischen hatten sich in Prag Persönlichkeiten der Politik und Kultur ein Stelldichein gegeben. Alle vereinte der Wunsch, von Napoleons Herrschaft befreit zu werden. Humboldt, Tieck, Eichendorff, Körner, Brentano, Bettina von Arnim und Rahel Varnhagen trafen sich im Hause von Direktor Liebich, wo auch Weber oft zu Gast war.

In Prag führte Weber 62 Opern innerhalb seiner dreieinhalbjährigen Amtszeit auf. Über 30 Komponisten nennt der Spielplan jener Jahre. Mit französischen Opern begann der neue Kapellmeister den Geschmack des italienisch orientierten Publikums zu verändern. Im nächsten Jahr bezog er die deutsche Oper mit in den Spielplan ein, jedoch war kein Werk aus seiner Feder darunter. Eine seiner größten Taten in Prag war die Einstudierung des «Fidelio» von Beethoven. Am 21. November 1814 fand die Prager Erstaufführung statt. Aber das Publikum nahm das Werk kühl auf, wahrscheinlich weil es sich gerade auf den Mozartschen Opernstil eingestellt hatte und nun nicht schon wieder etwas «Neues» kennenlernen wollte. Weber schrieb dazu am 1. Dezember an seinen Freund Gänsbacher: *Ich habe hier den Fidelio gegeben, der trefflich ging. es sind wahrhaft große Sachen in der Musik, aber – sie verstehens nicht. – Man möchte des Teufels werden! Kasperle, das ist das Wahre für sie.*[35] Heimisch fühlte sich Weber in Prag zu keiner Stunde. Daß Weber hier keine wirklichen Freunde fand, war der hohe Preis seiner Prager Operndirektion. Er konnte nicht einsam sein, sich still verkriechen. Weber arbeitete hart und ausdauernd. Die Gesellschaft mit Freunden war ihm danach doppelt lieb.

In Prag hatte Weber eine Liebesaffäre mit der Soubrette Therese Brunetti, einer verheirateten Frau und Mutter von fünf Kindern. Die einunddreißigjährige, lebenslustige Person hatte Weber völlig in der Hand. Webers Tagebuchaufzeichnungen sprechen eine verzweifelte Sprache, denn er erkannte, daß seine Leidenschaft für Therese von ihr ausgenutzt wurde:

am 8. November

Fürchterliche Scene (mit Therese). *Es ist wirklich ein hartes Schicksal, daß das erste Weib, das ich wahrhaft und innig liebe, mich untreu glaubt, und das ist doch bei Gott nicht wahr. Der schönste Traum ist vorüber. Vertrauen kommt nicht mehr. Calina kam dazu; peinliche Lage. Die Kette riß!*

Ich besitze keine Millionen …

… und die wenigen tausend Franken, die ich mit meiner Arbeit verdient habe, gebe ich nun und nimmer für Reklame, Claqueurs und ähnlichen Dreck aus. Dieser Satz steht in einem Brief, den ein 41jähriger aus Paris an eine Gräfin Maffei schrieb. Die «wenigen tausend Franken» waren freilich nur Lohn für ein Pariser Zwischenspiel. In seiner Heimat konnte er sich vom Verdienst seiner Werke einen großen Landbesitz («Sant' Agata») mit Weinbergen kaufen und eine Pferdezucht betreiben, die unter Kennern so weltberühmt war, wie es seine Werke als Künstler heute noch sind.

Geboren wurde er im selben Jahr wie Wagner. Das Taufzeugnis nennt die Vornamen Joseph Fortunin Francois, wiewohl er nicht Franzose war. Mit seinem Vater, einem Wirt und Krämer, überwarf er sich später, als er dessen Schulden bezahlen sollte. Als 19jähriger wollte er sich in einer berühmten Schule ausbilden lassen, wurde aber «wegen erwiesener Unfähigkeit» nicht aufgenommen. Später wollte sich diese Schule nach ihm benennen – da lehnte er ab, als 85jähriger.

Seine Hauptlektüre von Jugend an, war die Bibel, und seinen ersten Triumph errang er denn auch mit der Bearbeitung des 23. und 24. Kapitels aus dem 2. Buch der Könige. Sein Mitautor war ein einstiger Geheimagent, der einmal dem Khediven in Kairo 365 verschiedene Arten der Salatzubereitung gezeigt hatte. Eines seiner populärsten Werke wurde zur Einweihung eines Großbauwerks außerhalb Europas uraufgeführt; er selbst konnte daran nicht teilnehmen, da er Seereisen nicht vertrug.

Fuhr er in zweispänniger Kalesche über seine Ländereien, so begleitete ihn meist ein prächtiger Hahn. Er legte sich eine Autographensammlung zu und experimentierte eine Zeitlang mit einem chemischen Pulver, das Faßwein heller machen sollte.

Wer war's? (Alphabetische Lösung: 22-5-18-4-9)

am 9.
Zu Theresen. Unendlich schmerzliche Erklärung. Ich vergoß die ersten
Thränen die mir der Schmerz abpreßte. Kopfweh und Fieber.[36]
Am 16. Januar: *Sehr verstimmt; aber Sie war gut und dann bin ich schon*
zufrieden –; am 18. Februar: *Zu Therese. Calina da getroffen. Meine*
Stimmung ging zuletzt in eine Wuth über, die ich kaum bändigen konnte;
am 23. Februar, nach einer kurzen Krankheit Thereses: *Zu Therese, aber*
sie nicht gesehen. Sie wollte ausfahren. Gott segne es ihr, so wehe mir die
Art und Weise auch thut! – und am 19. Februar: *Ohne sie keine Freude! Bei*
ihr nur Verdruß![37]

Webers Enttäuschung über Therese Brunetti, die neben Weber bald
noch einen zweiten Liebhaber hatte, wandelte sich in eine neue Liebe:
Caroline Brandt, «seine» Frankfurter Silvana und seit dem Januar 1814
Publikumsliebling der Prager Oper. Webers zukünftige Frau war 1794 in
Bonn zur Welt gekommen. Ihr Vater war Violinvirtuose und Tenor in der
Kapelle des Kurfürsten zu Köln. Seit sie unter Carl Marias Leitung die
Zerline in «Don Giovanni» gesungen hatte, fühlte Weber sich zu ihr
hingezogen. Bei diesen Aufführungen sang der Vater von Wilhelmine
Schröder-Devrient die Titelrolle ohne großen Erfolg. Seine Tochter wurde später eine hervorragende *Freischütz*-Agathe. Damals jedoch wirkte
sie als Kind im Prager Ballett mit, während ihre Mutter, die große Tragö-
din Sophie Schröder, im Prager Theater spielte. Die «Don Giovanni»-
Aufführung in Prag zur Zeit Webers vermerkt noch eine wahre Anekdote, die, aufgeschrieben in dem Kapitel «Verwaltung contra Kunst», ir-
gendwann und irgendwo auch heute noch einmal passieren könnte, denn
sie ist symptomatisch:

«Direktor Liebich hatte verlangt, aus Rücksichten der Oekonomie,
daß das Orchester auf der Bühne wegbleiben solle, weil die Musiker für
das Erscheinen auf derselben extra honorirt werden mußten. Weber
bestand auf der streng intentionsgemäßen Vorführung, machte geltend,
daß die Lächerlichkeit stummer Musiker den Eindruck störe, daß man
dann die ‹Vestalin› wegen der Hörner und Posaunen auf der Bühne nicht
geben dürfe, und was sich sonst noch vorbringen ließ. Als aber Liebich,
nach ziemlich heftigen Altercationen, auf seinem Sinne bestand, erbot
sich Weber, *die Musik auf der Bühne lieber aus der eignen Tasche zu*
bezahlen, als der Oper auch nur ein Haar krümmen zu lassen. In der Hitze
der Discussion nahm Liebich das Erbieten an und Weber, dem der Vor-
gang in seinen Tagesnotizen den Ausruf abringt: *Fängt jetzt schon die*
Kleinlichkeit der Privatverwaltung an, sichtbar zu werden? Traurige Aus-
sicht für mich! Ich werde aber doch nichts weglassen! –, hielt sein Versprechen und schreibt am 20. März: *Ich hatte heut die Ehre, zu Mozart's Ruhm,*
das Orchester auf dem Theater aus der eigenen Tasche zu bezahlen.»[38]

Als Caroline einen Unfall auf der Bühne erlitten hatte, konnte Weber
ihr ohne große Erklärungen zu Hause Krankenbesuche abstatten und
dabei auch Carolines Mutter kennenlernen. Webers aufrichtige Gefühle
für Caroline Brandt kommen in den Briefen zum Ausdruck, die er ihr
während einer Reise zur Kur nach Bad Liebwerda geschrieben hat. Die

Carl Maria von Weber. Stich von Friedrich Müller

räumliche Trennung von Therese Brunetti festigte in ihm den Wunsch, von dieser Frau loszukommen.

Im Juli 1814 fuhr Weber nach Berlin, wo er alte Freunde traf. Bei einer dieser Zusammenkünfte im Hause Lichtensteins erzählte Brentano die Tannhäuser-Sage, die er Weber als Opernstoff vorschlug. Begeistert forderte Weber Brentano auf, ihm das Opernbuch zum «Tannhäuser» zu schreiben, denn er erkannte sofort, welche Möglichkeiten der Stoff zur Vertonung bot. Fast dreißig Jahre später sollte in Dresden der Königlich Sächsische Hofkapellmeister Richard Wagner einen «Tannhäuser» komponieren. Obwohl Brentano bald darauf begann, das Textbuch zu schreiben, verfolgte erst Weber, und dann auch Brentano, diesen Plan nicht weiter. Am 5. September dirigierte Weber die Berliner Premiere seiner Oper *Silvana*, die bei der Berliner Presse und auch beim Publikum durchfiel. Deprimiert reiste er nach Leipzig und Weimar. Obwohl Liebich ihn nach Prag vorzeitig zurückholen wollte, weil sein Vertreter, der Konzertmeister Clement, angeblich versagt habe, bestand Weber auf seinem vertraglich zugesicherten Urlaub und fuhr weiter nach Gotha. Dort komponierte er am 13. September zwei Lieder aus den drei Büchern *Leyer und Schwert* von Theodor Körner. Die Vertonungen beendete Weber im Herbst 1814 in Prag und Berlin. Diese patriotischen Gesänge haben ihm

Theodor Körner. Gemälde von Dorothea Stock

Heinrich Graf Vitzthum
von Eckstädt.
Gemälde von Ludwig Geyer

schon zu Lebzeiten Schwierigkeiten eingebracht. In Dresden lehnte
Friedrich August, Napoleons ehemaliger Verbündeter, die Lieder ab,
denn sie verherrlichten preußische Siege. Aber auch Friedrich Wilhelm
mochte diese Lieder überhaupt nicht, weil sie von der Landwehr, einer
Konkurrenz zu seiner Armee, gesungen wurden. Webers Zyklus ist einer
Siegesstimmung zu verdanken, die der Freude Ausdruck gibt, Napoleon
geschlagen zu sehen. Wir dürfen diese Lieder als aktuelle Gebrauchsmusik ansehen, ohne ihnen ausführlichere Beachtung schenken zu müssen.
Auf das Verhältnis Webers zu Caroline hatten diese Lieder allerdings
einen nicht geringen Einfluß, denn Caroline war als Napoleon-Verehre-
rin empört, daß Weber «so etwas» komponieren konnte. Weber, der
vorzeitig nach Prag zurückgekehrt war, machte Caroline einen Heiratsan-
trag, der weder abgelehnt noch angenommen wurde. Carolines Mutter
riet ihrer Tochter von einer Ehe mit Weber ab. Weber litt sehr unter
dieser ungeklärten Beziehung. Verzweifelt suchte er einen Ausweg – und
ging wieder auf Reisen. Am 6. Juni 1815 verließ er Prag in Richtung
München. Hier entstand die Kantate *Kampf und Sieg*, die unter dem
Eindruck der Nachricht von der Schlacht bei Waterloo komponiert ist.
Der Schauspieler und Dichter Johann Gottfried Wohlbrück hat den Text
geschrieben. Weber fügte dieser Kantate in Prag, am 26. Januar 1816,
eine detaillierte Einführung bei, die neben einer musikalischen Analyse
die Absicht der Autoren erklärt.

Als ich in den letzten Tagen des Juli 1815 zu München mit Wohlbrück
den Entschluß faßte, obige Kantate zu schreiben, so waren wir Beide so
erglüht und erfüllt von den großen Weltereignissen der letzten Zeit, daß wir
glaubten, diesen Stufengang der seltensten, wechselndsten Gefühle, als die

gewiß damals allgemein herrschenden in künftiger Zeit dem Hörer wieder vor die Seele führen, ihn gleichsam jene vergangene Epoche in gedrängtem Ueberblicke nochmals durchleben lassen zu können. Daß diese Ansicht eine in Manchem von dem gewöhnlichen Kantaten-Zuschnitte abweichende Form geben mußte, war natürlich, und es war blos das Schwierige der Aufgabe, daß jenes uns vor Augen schwebende Bild auch eben so klar dem unbefangenen Hörer, der, durch nichts als den Titel aufmerksam gemacht, den Saal betritt, dargestellt werde.[39]

In München komponierte Weber das *Klarinettenquintett op. 34, J. 182* zu Ende und schrieb ein virtuoses *Horn-Concertino op. 45, J. 88.* Nach Prag zurückgekehrt, führt er eine Neuerung ein; in der «K. K. Privilegirten Prager Zeitung» erschien zum erstenmal eine Einführung in eine neue Oper. Es handelte sich um «Alimelek» von Meyerbeer. Seit Oktober 1815 schrieb Weber in loser Reihenfolge Artikel über neue Opern, die dem Verständnis des Publikums dienen sollten. Einführungsartikel in Zeitungen zu neuen oder schwer zugänglichen Werken sind heute üblich. Weber hat sie in Prag begonnen und in Dresden fortgeführt.

Eine neue Idee auf das Publikum zu wirken trug ich schon lange mit mir herum, die herannahende Aufführung von Alimelek brachte sie zur Reife, ich schrieb die dramatisch musikalischen Notizen für die hiesige Zeitung, die Dir Gänsbacher zuschikken wird, da ich nur wenig Ex. bekommen konnte. Dieß Unternehmen hat viele Krittler und eselhafte Meynungen erzeugt, aber doch seine Nutzbarkeit bewährt und ich sezze es seitdem bei jeder neuen Oper fort. Freilich eine Arbeit mehr, aber für das Gute zu wirken ist ja mein Zweck.[40]

Um so härter mußte Weber eine Rüge der Verwaltung des Ständischen Theaters empfinden, die anläßlich eines Verwaltungspräsidenten-Wechsels kritisierte, daß sich seit 1812, also schon vor Webers Dienstantritt, an der Prager Oper nichts Nennenswertes getan habe.

Weber reichte sofort seine Kündigung ein, die zum Herbst 1816 gültig wurde, und verstärkte seine Bemühungen, in Berlin die Stelle eines Hofkapellmeisters zu bekommen. Er stand in Verbindung mit dem Intendanten der Königlichen Schauspiele, dem Grafen Carl von Brühl. Am 5. Juni 1816 reiste Weber wieder nach Berlin, um seine Kantate *Kampf und Sieg* zu dirigieren. Für Caroline, mit der er sich inzwischen versöhnt hatte, erreichte er den Abschluß eines größeren Gastspielvertrags am Kgl. Schauspiel. Nur sein Bestreben, zum Königlich Preußischen Hof- und Kammerkompositeur ernannt zu werden, erfüllte sich nicht. Graf Brühl versuchte, wenigstens den Titel «Kapellmeister» für Weber beim König zu erwirken, aber die Kabinetts-Order schlug auch das ab. So reiste Weber am 9. Juli nach Karlsbad, wo er den Hofmarschall Heinrich Graf von Vitzthum aufsuchte, der dort zur Kur weilte. Die Absicht des Königs von Sachsen, in Dresden eine deutsche Oper, neben der bestehenden italienischen, zu errichten, interessierte Carl Maria von Weber. Die Gespräche mit dem Grafen Vitzthum verliefen harmonisch. Weber forderte als Königlich Sächsischer Kapellmeister 2000 Taler Gage, Vitzthum handelte ihn auf 1500 Thaler herunter. Auch über die Vertragsdauer von nur einem Jahr wurde diskutiert. Doch Vitzthum beteuerte, diese Begrenzung sei in Dresden üblich und komme praktisch einem Vertrag auf Lebenszeit gleich. Weber ließ sich überreden und stimmte zu. In Dresden mußte Vitzthum noch einige Schwierigkeiten im Kabinett überwinden, bevor er Weber, der am 30. September 1816 aus seinem Prager Amt ausgeschieden war, mitteilen konnte:

Hoch-Wohlgebohrner Herr,
Hochgeehrter Herr Capellmeister!
Sr. königliche Majestät von Sachsen haben nunmehr Ewr. Wohlgebohren Anstellung definitiv beschlossen. Je länger diese allerhöchste Entschließung durch mancherley zufällige Umstände in ihrer Bekanntwerdung zurückgehalten worden, um desto mehr beeile ich mich Dieselben davon zu benachrichtigen, und Sie zu ersuchen, nunmehr auch Ihr Eintreffen in Dresden soviel nur immer möglich zu beeilen, damit ungesäumt wegen Ihrer Vorstellung und Einweisung und wegen so mancher bis auf Ihrer Anwesenheit und Einwürckung von mir absichtlich einstweilen ausgesetzter Einrichtungen und Einleitungen, nunmehr ungesäumt vorgeschritten werden könne.
Genehmigen Sie die Versicherung, daß ich das Gelingen meiner Bestrebungen, Ewr. Wohlgeb. dem Königl. Dienst zu gewinnen, unter die wichtigsten und angenehmsten Erfolge in meinem neuen Würckungskreise rechne.

Mit wahrer Hochschätzung
　　　　　Euer Wohlgeb.
Dresden　　　　　　　　　　ganz ergebenster
am 21. December 1816.　　　　Der Hofmarschall Graf Vitzthum
　　　　　　　　　　　　　v. Eckstädt.

Der schöne Genuß, welchen die intereßanten Darstellungen der Mlle. Brand den hiesigen Kunstfreunden gewähret haben, ist ein angenehmer Gegenstandt ihrer täglichen Erinnerungen.[41]

Vier Wochen vor dieser Nachricht hatte sich Weber in Berlin am 19. November mit Caroline Brandt verlobt. Freund Lichtenstein hatte ein kleines Fest gegeben, um nicht nur die Verlobung, sondern auch Carolines erfolgreiches Gastspiel in Berlin zu feiern. Anschließend mußten sich die Verlobten trennen, denn Caroline trat einen Gastspielvertrag in Dresden an. Weber hatte ihr über seine Dresdner Pläne und vor allem den Stand der Dinge nichts erzählt. Als Überraschung teilte er ihr stolz seine neue Adresse mit, an die sie in Zukunft ihre Briefe richten sollte:
An den
Königl. Sächs. Kapellmeister
Herrn Carl Maria von Weber
Dresden,
poste restante!

Weber und
die deutsche Oper in Dresden

Gott grüße dich und segne meinen Einzug in Dresden. Es war mir ganz seltsam zu Muthe als ich den Berg herunter fuhr und die Stadt vor mir liegen sah, in deren Mauern ich einen festen Stützpunkt für mein ganzes Leben suchen muß. Gott gebe seinen Segen dazu und was an mir liegt soll geschehen soviel in meinen Kräften steht und mein treuer Mucks wird gewiß in meinem stillen Hause mich allen Verdruß übersehen und vergessen machen, der mir in der Kunst- und Geschäfts Welt allenfalls begegnen kann. Nicht wahr meine geliebte Lina?[42]

Noch in der Nacht zum 14. Januar 1817 hat Weber aus Dresden an seine Braut geschrieben. *In der Kunst- und Geschäftswelt* sollte Weber gleich zu Beginn seines Amtsantritts einigen *Verdruß* erleben. Denn nicht als koordinierter Königlich Sächsischer Kapellmeister wurde er in den Akten des Theaters geführt – diesen Titel trug nur Francesco Morlacchi, der die italienische Oper leitete und eigentlich kraft seines Titels Webers Vorgesetzter war. Weber wurde als «Musikdirektor der deutschen Oper» bezeichnet. Er beschloß, diese Brüskierung nicht hinzunehmen. Erst einmal aber richtete er sich in Dresden häuslich ein. Darüber und über seine ersten Tätigkeiten in Dresden erfährt Caroline einiges aus Webers Briefen.

Dieses bin ich nun schon so gewohnt, daß ich ganze Tage in Schuh und Strümpfen herum laufe, und mich ohne Aerger darin sehe, ja ich glaube gar ich kriege am Ende noch Waden, das wäre ein starkes Stück, gelt Mucks? übrigens thäte ich dir doch wohl manchmal gefallen, denn ich sehe wenigstens gehörig ordentlich aus mit meinem 3ekkigen Hut, mit der sächsischen Kokarde unter dem Arme. Mein Bedienter scheint ein recht guter stiller Kerl zu sein, den ich freilich erst abrichten muß, aber reinlich und ordentlich hält er alles. Nun laße dir mein Quartier beschreiben, ich wohne im sogenannten italienischen Dörfchen Nr. 30. Man kömmt durch ein kleines Thor in ein kleinss Gärtchen, dann ins Haus, links eine hübsche Stube und Kabinet, par terre, wo alle hinein geführt werden, die mich sprechen wollen. Daneben die Bedientenstube, Holzlager ec. eine kleine Treppe hinauf ebenfalls links, mein Schlafstübchen ganz klein mit einem Miniatur Oefelchen. ein kleines Vorzimmerchen und eine Wohnstube, worin mein grauer Teppich an meinem Schreibtische, und mein liebes Gesticktes von dir vor dem Sopha liegt. alles sehr klein, aber ungemein nett und gut moblirt. auch mit Teppig. freilich kein Hotho'scher, aber doch gut. Aus der kleinen

Das Theater des Linckeschen Bades bei Dresden.
Zeichnung von C. Aßmann

Kaffeemaschine, die ich von dir eingetauscht habe, trinke ich alle Morgen, und so umgiebt mich überall die Erinnerung an dich, meine vielgeliebte Lina, als meine schönste und einzige Freude. Von Besuchern bin ich natürlich bestürmt, da alles sich bei dem neuen kgl. Direktor ein Bildchen einlegen will. Meine Proben gehen recht schön vorwärts und Donnerstag d. 30. magst du nur von 6 bis 8 Uhr deinem Mucks den Daumen halten, denn es ist die erste Vorstellung vom Joseph, das wird mir wohl auch so bald keiner nachmachen, mit 11 Proben im Ganzen diese Oper aus Nichts zu erschaffen, und du solltest sehen wie brav die Choristen schon spielen. Nun ich hoffe Ehre damit einzulegen.[43]

Mit dem «Joseph» ist Étienne Nicolas Méhuls Oper gemeint, mit deren Einstudierung und Aufführung Weber in Dresden debütierte. Weber fühlte sich seinem italienischen Kollegen Morlacchi gegenüber durch die untergeordnete Dienstbezeichnung zurückgesetzt. Außerdem wußte er: wenn er jetzt nicht konsequent reagierte, wäre sein Ansehen und damit die Sache der deutschen Oper in Dresden verloren gewesen. Weber ging es letzten Endes nicht um Äußerlichkeiten. Aber gerade am Hofe waren die Privilegien gleichgesetzt mit dem Titel, und so beschwerte sich Weber bei dem Intendanten Graf Heinrich Vitzthum. Dieser versprach dem mit Abreise drohenden Musikdirektor, alles zu tun, um die Kabinettsentscheidung ändern zu lassen. Daraufhin erklärte sich Weber bereit, bis die Angelegenheit so oder so geregelt wäre, in Dresden seine Aufgaben zu erfüllen. Vitzthum stellte Weber dem Ensemble der Oper als «Kapellmeister» und Direktor der deutschen Oper vor.

«Die Erscheinung Weber's bei dieser denkwürdigen Vorstellung lebt noch deutlich in der Erinnerung einiger alter Mitglieder der Capelle. Er erschien als kleiner, schmalbrüstiger Mann mit etwas langen Armen, schmalem, sehr blassem Gesicht, aus dem sehr lebhafte Augen unter einer starken Brille vorblitzten. Den meist ernsten Mund umspielte, wenn er freundlich sprach, ein wahrhaft bezauberndes Lächeln, und bei Momenten, die ihn ergriffen, neigte er den Kopf leicht auf die Seite, was den starren Zügen etwas Weiches und Lauschendes verlieh. Er war in einen blauen Frack mit blanken Knöpfen, eng anliegenden Beinkleidern und Suwarowstiefeln mit Quasten gekleidet. Ein stets tadellos-sauberes, weißes Halstuch mit gestickten Zipfeln, in denen eine schöne Brillantnadel steckte, umgab den Hals. Ueber All dem trug er einen löwengelben Mantel mit mehreren Kragen und einen runden, aber etwas breiten Hut. Nichts an ihm zeigte das Bestreben, den Künstler kund zu geben. Es war leicht, Weber auf der Straße oder im Salon zu übersehen, einmal bemerkt, fesselte er aber durch die Feinheit und geistige Eleganz seiner Erscheinung mit fast magnetischer Kraft.»[44]

Weber bat bei dieser ersten Zusammenkunft die Mitglieder der Oper um ihr Vertrauen und versicherte, in gleicher Weise ihre Belange vertreten zu wollen. Zum Schluß seiner kurzen Ansprache betonte er, daß er *unbedingten Gehorsam* verlange. *Ich werde gerecht aber auch, ohne Ansehen der Person, gegen Jeden, am meisten gegen mich selbst, unerbittlich streng sein.*[45]

Mit diesen offenen Worten waren die Fronten geklärt. Niemand hatte solche Töne aus Anlaß einer Amtseinführung erwartet. Über die Hälfte des Ensembles lehnte daraufhin den neuen Musikdirektor kurzerhand ab. Vitzthum war von Webers Auftreten überrascht. Der Ernst, mit dem Weber das Ziel, eine deutsche Oper in Dresden aufzubauen, verfolgte, bestätigte ihm, daß er eine gute Wahl getroffen hatte. Wenige Wochen später hielt Weber ein Schreiben in Händen, das Vitzthums Eintreten für ihn erkennen ließ:

Ewr. Hochwohlgeb.
habe ich hierdurch zu melden das Vergnügen, daß Se Königl. Majestät die Gnade gehabt haben, Ihnen mittelst soeben bey mir eingegangenen allerhöchsten Rescripts das Prädicat Ihres Capellmeisters beyzulegen, und mir zugleich anzubefehlen, solches denen bey dem Deutschen und Italiänischen Schauspiel, sowie bey der musicalischen Capelle angestellten Personen bekannt zu machen. Letztgedachte Bekanntmachung soll ungesäumt erfolgen, und ich bin überzeugt, daß wenigstens die Mehrzahl, die Nachricht von dieser Ewr. Hochwohlgeboren so verdienter Weise zu Theil gewordenen Auszeichnung, mit eben so freudigen Gefühlen auf-

nehmen werde, als mich bey deren Mittheilung erfüllen. Genehmigen Sie die Versicherung meiner unbegränzten Hochschätzung,

Ewr. Hochwohlgeboren
aufrichtig ergebenster
H. Graf Vitzthum v. Eckstädt.

Dresden
am 10. Februar 1817.[46]

Weber war zufrieden, daß er sich bei Hofe durchgesetzt hatte. Noch einige Tage vorher hatte er den Eklat seinem Freund Lichtenstein mitgeteilt.

Für den gehörigen Contrast war sogleich bei meiner Ankunft gesorgt; nach einer recht glücklichen Reise (auch die Nacht hindurch) kam ich den 13. Nachmittags hier an, und den 16. wollte ich schon wieder abreisen. Die Herren Italiener lassen natürlich Himmel und Hölle los um mich und die ganze deutsche Oper zu vertreiben. Sie finden aber an mir einen harten Klotz, der dergleichen Dinge durchschaut, sich nicht leicht verleiten läßt, und auf eigenem Fuße so fest steht, daß er sein Recht ruhig vertheidigen und behaupten kann, die Details sind zu weitläufig und ärgerlich um sie wieder zu erzählen, kurz, ich bin vor der Hand noch ziemlich frei, obwohl ich schon dem Personale, König und Hof präsentirt bin. Wenn man mir meinen Vertrag nicht ohne Beschränkung erfüllt, so verlasse ich in einigen Monaten Dresden wieder, und ziehe in die Welt. Mir scheint aber, es wird nicht dazu kommen und man wird auf meine billigen Forderungen eingehen. Du kannst gar nicht glauben, wie viel zu thun ist, nicht nur, daß noch gar nichts, vom Notenschreiber bis zur ersten Sängerin, da ist, sondern jeder Schritt wird mit 1000 Schwierigkeiten verkabalirt. Die Proben haben schon angefangen und «Joseph» soll meine erste Oper sein. Dabei habe ich noch nicht einmal Zeit finden können auszupacken, und lebe in einer mir ganz unerträglichen Unordnung.[47]

Webers Streit mit der «italienischen Partei» ist von den zeitgenössischen Biographen sehr dramatisch dargestellt worden. Sicher hat Morlacchi es Weber nicht leichtgemacht. Einzelheiten seiner Intrigen muten uns heute wie schlechter Theaterklatsch an. Rivalisierende Kapellmeister gab es und wird es geben, solange es die Oper gibt. Weber hat natürlich unter diesen Querelen gelitten, weil sie ihn von den ihm wichtiger erscheinenden Aufgaben ablenkten. Andererseits hat das Konkurrenzunternehmen «italienische Oper» entscheidend dazu beigetragen, Webers Fähigkeiten herauszufordern und zu steigern. In diesem Zusammenhang könnte man auf den Gedanken kommen, daß der äußerlich eher zierlich als robust wirkende Weber, dessen Hüftleiden ihm oft arge Beschwerden machte, die Auseinandersetzung, das sich Messen mit dem Gegner brauchte. Es gibt Beispiele, wo er sie geradezu provozierte. Auf Angriffe reagierte er nie ausweichend oder taktisch reserviert. Mit dem Anspruch, das Richtige und Gute zu wollen und zu vertreten, suchte er den Schlagabtausch mit seinen Gegnern, gleichgültig ob es um finanzielle Ansprüche gegenüber hochgestellten Personen ging oder um künstlerische Probleme. Sein Geltungsbedürfnis war zwar nicht so auffallend ausgeprägt wie das Richard Wagners zum Beispiel, aber es ist unverkennbar:

Beiliegender Aufsatz hat viel Sensation, Freude, Achtung und Furcht erweckt. Alles nothwendig in der Welt! Die Guten fangen schon an mich zu lieben und die Bösen haben eine tüchtige Furcht vor mir, weil sie wohl wissen, daß mit mir nicht zu spaßen ist.[48]

Einen Tag vor Webers Debüt in Dresden, der Premiere des «Joseph» von Méhul, erschien in der «Abendzeitung» ein Artikel von Weber, der eine Ansprache an das Publikum darstellte:

An die Kunst liebenden Bewohner Dresdens. Darin heißt es unter anderem:

Es ist daher sogar Pflicht des Verwalters des ihm anvertrauten Kunstschatzes dem Publikum zu sagen was er zu erwarten und zu hoffen habe und inwiefern man auf freundliche Aufnahme und Nachsicht von seiner Seite rechnen müsse.

Leicht und schnell sind große Erwartungen erregt, schwer ist es, vermöge der Natur der Sache selbst, nur gerechte Forderungen zu befriedigen. Die Kunstformen aller übrigen Nationen haben sich von jeher bestimmter ausgesprochen als die der deutschen, in gewisser Hinsicht nämlich. Die

Italiener und Franzosen haben sich eine Operngestalt geformt, in der sie sich befriedigt hin und her bewegen. Nicht so der Deutsche. Ihm ist es rein eigenthümlich das Vorzügliche aller Uebrigen, wißbegierig und nach stetem Weiterschreiten verlangend, an sich zu ziehen. Aber er greift alles tiefer. Wie bei den andern es meist auf die Sinnlust einzelner Momente abgesehen ist, will er ein in sich abgeschlossnes Kunstwerk, wo alle Theile sich zum schönen Ganzen runden und einen. Hieraus folgt, daß die Aufstellung eines schönen Ensembles die erste Nothwendigkeit ist. Hat eine Kunstdarstellung es erreicht, in ihrem Erscheinen nichts Störendes mitgebracht zu haben, so hat sie schon etwas Verdienstliches, das Gefühl der Einheit bewirkt. Dieses ist durch Eifer, Liebe zur Sache und richtige Benutzung der dabei beschäftigten Kräfte zu erreichen.

Was mit den schon vorhandenen Mitteln geleistet werden soll, empfiehlt Ref. der freundlich nachsichtsvollen Güte des richtenden Publikums. Durch die spätere Bereicherung des Personals wird nicht nur manches schon Gegenwärtige und Vorzügliche, Zweckmäßige an seinen Platz gestellt werden, in seinem vortheilhaftesten Lichte erscheinen, sondern überhaupt dann erst ein planmäßiger Gang in Hinsicht der Wahl der Opern und deren abwechselnde Folge sich auf Musik-Gattungen und Scenischer Tendenz beziehend, eintreten können, der dem Publikum das Beste aller Zeiten und Orte mit gleichem Eifer wiederzugeben suchen soll. Um die Anschaulichkeit dieses Willens dem Kunstfreunde näher zu bringen, hoffe ich durch nachfolgende Notizen, die jedesmal dem Erscheinen einer neuen Oper vorangehen werden wenigstens mein Verlangen an den Tag zu legen, das Gute zu befördern, als meine Kräfte es erlauben, und möge mir dabei der Wunsch nicht verargt werden, dieß nicht gemißdeutet, sondern mit Liebe aufgenommen zu sehen.

  26. Januar 1817   *Carl Maria von Weber.*[49]

Webers Artikel schlug ein wie eine Bombe: ein Hofbeamter, dieser junge Kapellmeister, veröffentlichte eigenmächtig programmatische Ideen, kritisierte und entschuldigte das Haus für seinen jetzigen Zustand! Webers selbständiges Handeln bewegte nicht nur die Anhängerschaft der deutschen, sondern vor allem der italienischen Oper. Weber hatte schon vor seinem eigentlichen Auftritt als Dirigent und Leiter der neugegründeten deutschen Oper Aufsehen erregt. Gestützt auf die Prager Erfahrungen ließ er zwei Tage später eine Einführung zur bevorstehenden Premiere folgen.

In nur achtzehn Tagen hatte Weber die Neuinszenierung von Méhuls «Joseph» herausgebracht: «Wie ernst Weber die makellose Vorführung des Meisterwerks nahm, davon giebt wieder ein kleiner Vorfall mit Genast Zeugniß. Derselbe erlaubte sich an einer Stelle eine Verzierung im italienischen Geschmacke anzubringen. Ein zorniger, auf die Bühne geschossener Blick Weber's jagte ihm einen solchen Schrecken ein, daß er nach der Vorstellung, um dem zu erwartenden Gewitter zu entgehen, eilig in seine Garderobe stürzte, um einen Mantel umzuwerfen und nach Haus zu eilen. Weber folgte ihm aber auf dem Fuße, riß die Thür der Garderobe auf und schrie ihn an: *Was machen Sie für dummes Zeug? Glauben Sie nicht, daß Méhul, wenn er solchen Schnickschnack hätte haben wollen, es besser gemacht hätte als Sie? Ich verbitte mir das künftig. Gute Nacht! Schlafen Sie Ihren italienischen Rausch aus! –»* [50]

Die Premiere am 30. Januar wurde in Anwesenheit des Königs Friedrich August I. ein Erfolg für Weber und die neue deutsche Oper in Dresden. Zu erwähnen bleibt, daß seltsamerweise nicht in erster Linie künstlerische Gründe zur Einrichtung eines deutschen Opernhauses in Dresden geführt hatten. König Friedrich August I. hatte im April 1816 der Stadt Leipzig die Erlaubnis erteilt, ein eigenes städtisches Theater zu führen. Bis dahin war Leipzig sozusagen von Dresden bespielt worden, von der Hofschauspieler-Gesellschaft. Das Defizit, das der Dresdner Theaterkasse durch diese Großzügigkeit des Königs entstand, sollte durch die zusätzlichen Einnahmen, die eine deutsche Oper erspielte, gedeckt werden. Graf Vitzthum, der die Idee zu diesem Projekt hatte, den aber nicht nur die wirtschaftliche Seite daran interessierte, erhielt am 18. April 1816 einen Bescheid vom König: «Unter den von Euch in dieser Hinsicht [Ausgleichung des Defizits] gethanen Vorschlägen erachten Wir die Verbindung einer guten deutschen Oper mit dem rezitierenden Schauspiel für vorzüglich geeignet, und sind daher für die diesfallsige Einrichtung und Ausführung Eurer näheren Vorschläge gewärtig.» [51] Die deutsche Oper in Dresden verdankt ihre Entstehung also eigentlich einer ökonomischen Überlegung. Dem sächsischen König unterstand das Hoftheater direkt, nachdem früher, wie an vielen Höfen üblich, ein privater

König Friedrich August I. von Sachsen. Stich von C. G. Rasp nach dem Gemälde von Anton Graff

Pächter, mit Subventionen durch den König, das Theater geleitet hatte. Der einsetzende revolutionäre Wandel von der exklusiven, aristokratischen Privatbühne zum öffentlich zugänglichen Theater in der Stadt resultierte zum einen aus dem neuen Selbstbewußtsein des Bürgertums, das durch die Befreiungskriege geprägt wurde, und zum anderen aus der Tatsache, daß sich das politische Engagement der Bürger in den Kleinstaaten nicht verwirklichen konnte, weil die souveränen Herrscher keine Bürgerlichen im Kabinett duldeten.

Wissenschaft und Kunst wurden zum Sammelbecken für politische und nationale Gedanken: So flossen, durch die Befreiungskriege initiiert, nationale Anschauungen auch in die Diskussion um Schauspiel und Oper. Ähnlich wie man sich gegen den politischen Einfluß ausländischer Mächte, vor allem Frankreich, gewehrt hatte, wollte man nun im Bereich der Oper die Vormachtstellung der italienischen Oper mit der Errichtung einer deutschen Oper brechen und in Grenzen halten. Den nur den Gesang vorführenden Interpreten der italienischen Oper sollte die deutsche Oper mit ihrer Forderung nach «Wahrheit der Darstellung» gegenübergestellt werden. Weber legte großen Wert darauf, singende Schauspieler bzw. schauspielende Sänger zur Verfügung zu haben. Bühnenbild, Kostüme und Darstellungsstil sollten zusammen mit Musik und Handlung eine Einheit bilden. Wagners formulierte Idee vom Gesamtkunstwerk hat Weber praktisch vorbereitet. Bezeichnenderweise spielte ein Teil des Ensembles der deutschen Oper auch im Schauspiel. Drei Spielstätten gab es in Dresden: das Hoftheater in der Stadt, ein Vororttheater auf dem Linckeschen Bade mit unzureichender Ausstattung und das Pillnitzer Theater. Hier, im idyllischen Pillnitz, zwei Stunden von Dresden entfernt, residierte der Hof in den Sommermonaten. Wenn es dem König einfiel, ordnete er dort Opernaufführungen an, die noch am gleichen Abend stattzufinden hatten. Sechs Spieltage waren üblich, der Freitag war vorstellungsfrei. Im Winter wurde mittwochs und sonnabends italienische Oper gespielt, die anderen Tage waren für Aufführungen der deutschen Oper und des Schauspiels reserviert, wobei hier keine genaue Aufteilung erfolgte. Die italienische Oper in Dresden hatte in der Regel fünfzehn bis sechzehn Aufführungen pro Inszenierung, die deutsche Oper kam auf vergleichsweise sechs bis sieben Vorstellungen einer Neuinszenierung. Hohe Einnahmen erzielten nur die Premieren der deutschen Oper, während sich bei Serienaufführungen die Einnahmen der italienischen Oper nie verringerten. Das hieß für Weber, um ein gewisses Einnahmesoll zu erreichen, mehr Neuinszenierungen, mit den sich gut zu verkaufenden Premieren, herauszubringen. Weber konnte durch genaue Planung und straffe Organisation seines Instituts die jährliche Aufführungszahl in dem Zeitraum von 1817 bis 1826 um fast hundert Prozent steigern: von 46 auf 84 Vorstellungen.

Weber hat in Dresden keineswegs nur Opern und Singspiele deutscher Autoren gebracht, obwohl der Anteil dieser Gattung fast drei Viertel der Werke ausmachte, die unter seiner Leitung aufgeführt wurden. «Deutsche Oper» hieß damals: Opernaufführungen in deutscher Sprache.

Das alte Königliche Theater in Dresden. Lithographie

Darüber hinaus hat Weber durch seine praktische Arbeit definiert, was er unter dem Begriff «Deutsche Oper» verstand. Ein am 24. Mai 1817 übergebener Entwurf an den Intendanten Graf Vitzthum dokumentiert den Gegensatz der italienischen und deutschen Oper ausführlich, wobei auffällt, daß Weber nicht nur die gesanglichen, sondern auch die darstellerischen Anforderungen besonders betont.

Versuch eines Entwurfes, den Stand einer deutschen Opern-Gesellschaft zu Dresden in tabellarische Form zu bringen, mit kurz erläuternden Anmerkungen.

Einleitende Bemerkungen.

Die italienische Oper hat ihre feststehenden Figuren und Gesangs-Fächer für Opera seria und buffa. Die französische desgleichen. Von einer deutschen Opern-Gesellschaft aber verlangt man, nebst dem ihr Eigenthümlichen, auch die Vereinigung alles Obigen, da die Werke der beiden genannten Nationen in Uebersetzungen auf die deutsche Bühne gebracht werden.

Hieraus folgt ein mehrzähligeres, vielseitigeres, und daher schwer bis zu einem gewissen vollkommenen Grade zusammen zu bringendes Personale.

Bei der Wahl desselben ist besonders darauf zu sehen, daß die Individualität der Mitglieder sich zu vielseitiger Benutzung darbiete. Man kann ein schönes Talent besitzen, und doch wenig brauchbar seyn, welches sich bei einigen sonst sehr achtbaren Künstlern bewährt.

Die Bemerkung benimmt überdieß den Verdiensten und der Brauchbarkeit dieser Mitglieder nichts von ihrem Werthe, sondern soll blos die Nothwendigkeit darthun, das Opern-Personale auf einen gerechten Forderungen gemäßen Stand zu bringen . . .

Die bereits vorhandenen Mitglieder sind theils Anfänger, theils werden sie vorzugsweise und zu viel zum Schauspiele benutzt, um gehörig ihr Talent zum Gesange ausbilden zu können.

Aus diesem Verzeichnisse ergiebt sich, daß zwar schon vielerlei Hülfs-mittel zum Ausfüllen und Ergänzen da sind, aber doch die eigentlich eine Oper begründenden Haupttheile gänzlich fehlen. Die nothwendig gewordene Aufstellung eines eigenen Chores bringt auch die Anstellung eines Musikmeisters oder Korrepetitors für denselben sowohl als für die weniger musik. Mitglieder der Oper mit sich, wie dies bei allen, selbst den kleinsten Theatern der Fall ist.

Ein stehender Theater-Chor wird in so fern von großem Gewinn seyn, daß erstens durch gehörige Anleitung und stetes Ueben ein Ensemble-Spiel hervorgebracht werden wird, das der größten Wirkungen fähig ist, und zweitens und hauptsächlich, daß auch hieraus eine förmliche Pflanzschule entspringt, deren hervorstechende Talente man weiter befördert und bildet.[52]

Die Aufführungspraxis an den deutschen Opernhäusern heute beruht auf Carl Maria von Webers Reformen. Sie haben Bestand seit über 150 Jahren. Sicher hat sich manches im Detail, nichts aber am Prinzip geändert.

Auch die Einführung des Taktstocks war Webers Werk: «Bis dahin hatten die Dirigenten, nach italienischer Weise, nur am Clavier sitzend das Orchester geleitet und blos mit der Hand in schwierigen Stellen, oder bei Einsätzen, den Takt sichtlich markirt, so daß die eigentliche momentane Leitung des Orchesters wegfiel, dieses daher dem ersten Geiger zu folgen hatte und jede feine Nuancirung nach den Intentionen des Capell-meisters, jede Unterstützung des Orchesters durch denselben erschwert wurde. Bei der Form der italienischen Oper war dieß thunlich, die deutsche verlangte eine größere seelische Beeinflussung durch den Dirigenten, und deshalb begann Weber seinen bewährten Taktstock vom ersten Tage seiner Wirksamkeit an zu handhaben, obwohl auch diese Neuerung, welche die Mitglieder der Capelle zwang, ihre Aufmerksamkeit, in anstrengender Weise, fortwährend zwischen ihren Parthien und dem Dirigenten zu theilen, beträchtliches Murren erregte.»[53]

Daß Weber sich in seinem Eifer zu unbeherrschten, verletzenden Äu-ßerungen hinreißen lassen konnte, zeigte die Vorbereitung für die Aufführung des «Don Giovanni» zur Wiedereröffnung des 1821 umgebauten Dresdner Theaters, bei der sich zwei «Zwischenfälle» ereigneten, die Max Maria von Weber anschaulich schildert und damit zugleich Webers Autorität am Theater charakterisiert: «Weber hatte, nach der von ihm sorgsam durchgesehenen Partitur, neue Stimmen für die Oper ausschrei-ben lassen; diese zeigten sich so voll Fehler, daß er, in seiner derben Art, grimmig ausrief: ‹Die Notisten, die Sakramenter, sollte man mit den Ohren an den Tisch nageln!› Kaum war das durch diese Grobheit verletzte Gefühl dieser Herren etwas besänftigt, als ihm eine ähnliche wieder entfuhr. Beim Einstudiren des Maskenballchors leistete der durch ein Militärmanöver zerstreute Chor ungewöhnlich Ungenügendes, und Weber ließ sich von seinem Dirigentenpulte zu Miksch hinauf verlauten: ‹Nehmen Sie sich tüchtig zusammen, sie singen ja heut wie die Schweine!› Das fuhr dem Personale, nicht mit Unrecht, in die Nase und Tags darauf erschien eine Deputation von vier Chormitgliedern bei Weber, die ihn achtungsvoll aber dringend bat, auf irgend eine Weise die stürmisch aufgeregten Empfindungen des ganzen Personals zu besänftigen. Der ruhiger gewordene Meister, den die Derbheit längst gereute, versprach es. Erwartungsvoll stand das Personal auf der Bühne, als er das nächste Mal im Orchester erschien. Er ließ die sehr correct ablaufende Probe ruhig vorübergehen und erst, als sich Alle sehr getäuscht entfernen wollten, rief er aus: ‹Meine Damen und Herren vom Chor, auf ein Wort! Ich habe Sie neulich durch die Art meines Tadels verletzt und frage Sie heut, ob ich Recht hatte, Ihre Leistung zu tadeln? Sein Sie offen!› Ein lautes ‹Ja› ertönte. ‹Nun, da Sie mir dieß zugestehen›, sagte er, sein Käppchen abnehmend, ‹gestehe ich Ihnen, daß es mir von Herzen leid thut, Sie beleidigt zu haben!›»[54]

In seinen Tagebüchern hat Weber alle Proben genau angegeben; seine Eintragungen enthalten auch Hinweise, daß er sich in Dresden um die gesamte Ausstattung der Opern gekümmert hat. In Briefen an seine Frau und den Grafen Brühl schreibt Weber, daß er dem Theaterschneider jedes Detail angegeben habe. In Fragen der Bühnentechnik war Weber ein kompetenter Mann. 1821 wurde das Theater in Dresden umgebaut. Weber sorgte dafür, daß statt der altmodischen Talglampen eine neue Beleuchtungsanlage mit «Argandschen Lampen» eingebaut wurde. Bei seinen eigenen Bühnenwerken hatte Weber den entscheidenden Anteil an der Regiearbeit. Die Trennung Dirigent–Regisseur war bei Weber aufgehoben. Schon bei den musikalischen Einstudierungs-Proben im Zimmer legte er Wert auf darstellerische Präsenz der Sänger.

Wegen der neuen Orchestersitzordnung kam es zum Eklat, Vitzthum und Weber wurden öffentlich gerügt und mußten auf königlichen Befehl die alte Ordnung wiederherstellen. Diese öffentliche Auseinandersetzung hat dem Ansehen des Intendanten der deutschen Oper ziemlich geschadet. Bei Weber machte sich Resignation bemerkbar. Vitzthum erklärte im Sommer 1820, als Weber sich auf einer Kunstreise befand, seinen Rücktritt. Sein Nachfolger, Hans Heinrich von Könneritz, blieb eine blasse Figur. Im September 1824 wurde ein Forstmeister Intendant: der Kammerherr Wolf Adolf August von Lüttichau. Er soll ein unfähiger Theaterleiter gewesen sein, dem der Ausspruch zugeschrieben wird: «Weber, sind Sie denn wirklich ein so berühmter Mann?» 1825 wird Ludwig Tieck «Literator», vergleichbar mit dem Beruf des «Dramaturgen». Für die deutsche Oper blieb sein Wirken bedeutungslos. Weber reiste 1826 im Februar nach London. Nach seinem Tode fiel die deutsche Oper in Dresden dem Mittelmaß anheim. Am 6. März 1826 hatte Weber an Caroline aus London geschrieben:

An Lüttichau alles achtungsvolle, nach meiner Oper (Oberon) schreibe ich ihm gewiß, sage ihm, daß mich die ganze Welt ehrt, nur mein König nicht![55]

Weber als Schriftsteller

In Webers Briefen finden sich zahlreiche Hinweise auf geplante literarische Arbeiten. Zusammen mit seinem Mitschüler Susann wollte er eine Musikzeitschrift gründen. Auch die Herausgabe eines Musiklexikons wurde diskutiert. Für Gerbers «Lexicon der Tonkünstler» hat Weber Artikel geschrieben. Der Verleger Cotta bestellte bei ihm einige Essays für die von ihm herausgegebenen «Morgenblätter für gebildete Stände». In dieser Publikation erschien am 9. August 1810 der erste *Städte-Brief* Webers:

Ich stieg aus dem Wagen, als ein Freund von mir eben in den seinen steigen wollte. «Wohin?» rief ich ihm zu. – «Nach Baden», war die Antwort, und fort ging's. Ich besuche einen alten Bekannten und finde ihn im Einpacken. «Sie verreisen?» – «Ja.» – «Wohin?» – «Nach Baden.» – Auf der Straße eilt mir höchst geschäftig ein anderer in die Arme und ruft: «Ach, daß Sie jetzt ankommen, da ich aufs schnellste fort muß, um noch Platz zu erhaschen; Sie können nicht glauben, wie voll es ist und wie dringend man mir schreibt, keine Zeit zu verlieren.» – «Ja, wo denn, von was sprechen Sie denn?» – «Mein Gott, wie kann man von etwas anderem sprechen als von Baden. Leben Sie wohl, ich eile.» Fort war er. Wenn denn die ganze Welt nach Baden geht, dachte ich, so kannst du ja auch deinen Wanderstab dahin richten. Zum Troste aller Freunde ihres Leibes kann ich auch noch mit Recht versichern, daß man durchaus sehr gut ißt und trinkt, daß die Gasthöfe bequem, wohlfeil und gut bedient sind. «Der Badische Hof», «Der Salm» und «Die Sonne» sind die vorzüglichsten.[56]

Als schreibender Komponist befindet sich Weber in guter Gesellschaft; vor ihm waren es die Komponisten des Barock wie Georg Philipp Telemann und Johann Mattheson, die auch als Schriftsteller tätig waren. Robert Schumann, Hector Berlioz, Richard Wagner und Claude Debussy, um einige Namen späterer, schreibender Komponisten herauszugreifen, und heute vor allem Pierre Boulez, waren Männer der Praxis und in der Lage, ihre Gedanken und Theorien zur Musik literarisch abzufassen.

Auf Webers populär-wissenschaftliche Werkeinführungen in Prag und Dresden wurde schon hingewiesen. Seine Fähigkeit, musiktheoretische Themen verständlich und mit journalistischem Esprit aufzubereiten, trug ihm nicht nur Zustimmung ein. Vor allem wurde ihm die Absicht unterstellt, mit diesen Artikeln besonders für seine eigene Person zu werben. Webers Ruf als namhafter Kritiker gründete auf seiner Gewissenhaftig-

Carl Maria von Weber. Gemälde von John Cawse

E. T. A. Hoffmann. Stich von Johann Passini
nach dem Gemälde von Wilhelm Heusel

keit. In dem Zeitraum von 1811 bis 1817 liegen eine ganze Reihe von Rezensionen vor. Weber hat nicht nur über Opernnovitäten berichtet. Der Artikel über die Sängerin Therese Grünbaum gibt neben der Feststellung ihrer stimmlichen Qualitäten Webers Anschauung über die Kunst des Singens und die Probleme der deutschen Sänger wieder.

Stimme ist das Naturgeschenk, das ich gleich abrechne, weil dessen Vorzüglich- oder Mittelmäßigkeit sich verständlich genug für Jedermann ausspricht. Das von der Natur gegebene Metall aber, es sei nun spröde, geschmeidig oder weich, so sich unterthan zu machen, daß es in alle zur

Ausübung nothwendige Formen willig und scheinbar zwanglos sich schmiege, ist das, was den wahren Künstler beweist, und Viele mit den Worten: «vollkommene Schule», ausdrücken wollen.

Welche ungeheuere Forderungen macht man an eine gute deutsche Sängerin! Sie soll vor allem den Zauber der italienischen Geschmeidigkeit und Zierlichkeit haben. Sodann die höchste deklamatorische französische Leichtig- und Leidenschaftlichkeit, und natürlich am Ende auch die deutsche einfache, tief fühlende und Wahrheit fordernde Gesangsweise. Wie bequem hat es eine Sängerin in Italien! Ihr ganzes Leben hindurch bewegt sie sich in einer und derselben Sphäre. Ihrer Stimme, ihren Fähigkeiten muß Alles vom Componisten angepaßt, – die Schwächen derselben verdeckt, die Schönheiten und Naturgaben hervorgehoben werden. Kommt etwas Anderes, Unbequemes vor – enthalte es auch die höchste Kunstschönheit – mit dem ganz einfachen Grunde: non è scritto per me, wird es bei Seite gelegt und das nächste beste Gurgelrechte an dessen Stelle gesetzt.

Mad. Grünbaum ist Herr und Meisterin ihrer Stimme. Jeder einzelnen Klangstufe in denselben widerfährt ihr Recht; denn man könnte z. B. in ihren Läufen durch die halben Töne, hinauf oder herab, ihr kühn auf jeder beliebigen Stelle ein Halt! zurufen, und den letzten Ton immer noch so rein und gediegen finden, wie ihn nur der Instrumentalist gewöhnlich geben kann.[57]

Weber wurde von jungen Komponisten oft gebeten, ihre Arbeiten zu beurteilen. Er hat sich diese Aufgabe nie leicht gemacht und ehrliche, meist sehr ausführliche Auskunft mit den entsprechenden Notenbeispielen gegeben:

Sie gestehen, keinen Harmonieunterricht gehabt zu haben, und leider bestätigt sich dies fast auf jeder Zeile. So wie die übersendeten Arbeiten jetzt sind, kann ich Ihnen nicht zur Herausgabe raten . . . Glauben Sie (mir), *daß es viel lohnender und leichter ist, mit ein paar nichtssagenden Phrasen einen Kunstjünger abzuspeisen, als ihn auf die dornenvollen Schwierigkeiten des Kunstwegs aufmerksam zu machen.*[58]

Mit dem Romanfragment *Tonkünstlers Leben* zeigt sich Webers dichterische Begabung. Sein Stil ist an E. T. A. Hoffmann orientiert, den er persönlich kannte und dessen Novellen ihn anregten, seinen 1809 begonnenen Roman sieben Jahre später wieder hervorzuholen, um daran weiter zu arbeiten. Der Roman ist nicht vollendet. Teile daraus erschienen in Zeitungen und Monatsschriften. Das Exposé aller 23 Kapitel ist uns erhalten, ebenso die verschiedenen Fassungen des ersten Kapitels. Webers sprudelnde Phantasie findet formal seinen Ausdruck in der Vermischung von Prosa und Vers; inhaltlich durchdringen sich Ernst, Selbstironie und Parodie mit brillant geschliffenen Formulierungen. Der Roman trägt autobiographische Züge; er behandelt die Lebensgeschichte des Komponisten Felix. Mittelpunkt des Romans ist eine große Ballszene mit einer glänzenden Parodie auf die italienische und französische Oper.

Die große italienische Oper trat auf – eine lange, hagere, durchsichtige Figur, charakterloses Gesicht, das als Held, Seladon und Barbar sich immer gleichblieb und nur eine ungemeine Süßlichkeit über sich verbreitet hatte. Sie trug ein dünnes Schleppkleid, dessen Farbe eigentlich keine Farbe zu nennen war und auf dem hin und wieder kleine blitzende Steinchen saßen, die die Augen des Publikums auf sich zogen. Bei ihrem Auftritte ward im Orchester ein Geräusch gemacht, um die Zuhörer zur Stille zu bewegen, und das in Italien Ouvertüre genannt wird.

Die große französische Oper erscheint.

Eine wohlgeborene Pariserin; geht auf dem Soccus einher und bewegt sich sehr höflich in dem sie etwas unbequem beengenden griechischen Gewande. Das Corps de Ballet umgibt sie beständig; verschiedene Götter lauern im Hintergrunde. Die Handlung spielt zwischen 12 Uhr und Mittag.[59]

Mit dieser Zeitangabe weist Weber parodierend auf die Forderung der französischen Dramatiker nach den drei griechischen Einheiten hin.

In dem einleitenden Kapitel des Romans wird das Bildungsbürgertum angeprangert und der Lächerlichkeit preisgegeben. Felix, der Komponist, besucht in einer Kleinstadt eine ihm als musisch gebildet empfohlene Familie. Die Arroganz des Hausherrn wird von dem Selbstbewußtsein der «höheren Tochter» noch übertroffen.

Eben trat Mamsell herein, und ich war durch ihren Anblick nicht wenig frappirt, denn ein derlei Oeuvre kommt einem nicht alle Tage vor. Man denke sich ein winzig kleines Geschöpf mit einem ungeheuern Kopfe belastet, der, von Rabenborsten beschattet und einem Steindiademe geschmückt, einem aus seinem Munde, welcher einer Takt-Note aus Aretins Zeit glich, solche Töne entgegen krächzte, daß meine Ohren vollkommen des eben so angenehmen Eindrucks sich erfreuten, als wenn Jemand auf einer Glasscherbe kratzt. Die Maikäfer-Arme der zärtlichen Tochter umfingen den Papa, und dieser präsentirte mich als einen Schüler der Kunst, und sagte: «Du mußt ihm was von der großen Arie vorsingen, so recht hoch und tief, Du weißt schon, wie ich sie liebe.»

Sie maß mich von unten bis oben, mit einer Protektionsmiene, und sprach, sich räuspernd: «Papa wissen, daß ich seit einiger Zeit immer sehr enrhumirt bin, und daher kaum Ihrem Verlangen werde genügen können.» (Ein Hüsteln hervorzwingend). «Mein Gott, Sie können es ja selbst hören, wie rauh meine Stimme ist.» – Allerdings konnte ich der armen Luft, die sich in dieser der Anatomie gewidmeten Gorge, die kaum zum Athmen den gebürtigen Umfang verrieth, durcharbeitete, es nicht verargen, wenn sie sich darin zum Tone zu bilden weigerte; aber meine Bemerkungen unterdrückend, und meine Höflichkeit spornend, bat ich, doch nur etwas, nur ein paar Töne.

Das nachgiebig geborne Weib wich den vereinten Bitten, warf sich nachlässig ans Clavier, und fing nach einigen mächtig gedroschenen Accorden und einem unglücklichen Laufe durch die halben Töne eine Bravour-Arie von Scarlatti zu krächzen an. Ich bewunderte meine gute Natur, und bemühte mich über die widerspenstigen Schultern, wovon eine die andere an Hochmuth übertraf, in die Noten zu sehen. Doch kaum hatte sie einige Takte gesungen, so rief sie: «Sehen Sie, es geht nicht!» sang wieder einige Takte, verwünschte ihre Heiserkeit, schrie aber wie eine Rohrdommel und

Weber. Zeichnung von Eduard Mörike

so erreichte sie endlich unter immerwährendem Unterbrechen das Ende.
*Ich ohrfeigte mich in Gedanken, daß ich nicht mehr Gewalt über mich
besaß, wenigstens ein paar Bravo's drein zu werfen, als zu meinem Glücke
unterdessen sich die gnädige Mama, ein vortrefflich conservirter Abdruck
der Xantippe, eingefunden hatte, und in solch einen Strom von Lob aus-
brach, gegen den der Lärm eines Wranitzkyschen Allegro's Blättergesäusel
ist, daß mein zerknirschtes Bravo darin verhallte. –*[60]

Die Beschäftigung mit Webers literarischen Arbeiten wird immer wieder neue, unbekannte Details hervorbringen, die den Schluß zulassen,
daß Weber auch ein beachtenswertes schriftstellerisches Œuvre hinterlassen hätte, wenn er nicht schon als Vierzigjähriger hätte sterben müssen.
Von Lessing inspiriert scheinen Webers Zwei- und Vierzeiler, die beißen-
de Ironie und treffenden Spott zu erkennen geben.

Die Bravour-Sängerin Tembila
A. Von oben herab, von unten hinauf!
   Mein Gott, welch ein entsetzlicher Lauf!
B. Man muß es gestehn, daß ihr Trillern gelingt,
   nur schade, daß sie vor Singen nicht singt.[61]

An den berühmten Variationen-Schmied G-k
Kein Thema auf der Welt verschonte dein Genie,
das simpelste allein – dich selbst – variierst du nie.[62]

Von Humor und Selbstkritik zeugt Webers Poem von der Verspottung des eigenen Verseschmiedens:

Stütze sturmstark stracks wieder zu,
prächtig, machtreich, Sprachstrom du!
Bügel-, zügellos! Ziehe aus!
Rhythmisch festreich ist mein Gebraus!
Kämpfend, krampfvoll füllt sich der Mund,
schlingend, schlängelnd sträubt sich der Schlund.
Verse, wer sie hört, zittert nur,
gräßlich Gruftgraun folgt ihrer Spur.
Bangest, bäumst baß dich, Pegasus, hoch –
trugst traun traurigern Reiter nie noch,
Chaisenträgerprosa[63] *kaum wert.*
Schicksal schickt's scharf! Schnell, o Pferd!
Angstschweiß brandheiß gleist Wang' ab!
Sprache – renkst, schränkst, kränkst ihn ins Grab!

Webers Novelle Der Schlammbeitzger trägt das Datum 12. April 1818, drei Monate vor dem Umzug in Webers Sommerhaus nach Hosterwitz. In diese «Humoreske» hat Weber wieder Autobiographisches einfließen lassen: er erzählt in der Ich-Form von einem jungen Künstler, der auf der Suche nach seinem Lebensziel nach Hamburg gerät, wo ihm ein seltsames Erlebnis widerfährt.

Der Abdruck des weithin unbekannten und nur zweimal veröffentlichten *Bürgerlichen Familienmärchens* aus dem Jahre 1821 soll dieses Kapitel beschließen. Weber behandelt satirisch-philosophierend die Frage nach dem Ewigkeitsanspruch des Künstlerdaseins, in kurzer, meisterhafter Form.

Die Beantwortung einer Sylvester Frage.
Ein bürgerliches Familien-Mährchen.

Es war einmal ein Musikant, der war sehr unglücklich. Er aß fast nur Weniges, und des Schlafes bediente er sich kaum hinlänglich. Es wunderte sich aber Niemand darüber, denn es ging ihm wie dem Räuber Jaromir.

Schicksal, die böse Fee, hatte ihn in einem Brief-Couvert überrascht, und seitdem war er immer so in Gedanken versunken, daß er gar nicht mehr ordentlich denken konnte. Eines Tages dachte er aber doch einmal, und zwar auf folgende Weise. Ach warum bin ich geboren, oder warum giebt es überhaupt einen 7. Decbr., der schlimmer ist, als die Februare, und wozu dient überhaupt alles Fragen, frage ich, dachte er. Hierauf setzte er sich und dachte weiter. Doch! geschehne Dinge sind nicht zu ändern, die Frage ist gefragt, die Kugel aus dem Laufe, nun Freischütz, triff, und hilf dir selber. Opern machen, ist keine Kunst, aber antworten, antworten. Dieser Musikant hatte auch ein Weiblein, das ihm den Kolofonium nachtrug, und überhaupt sein pflegte, wenn er etwas wurmig im Kopfe war, welches so der Musikanten Art zuweilen. Edler Herr mein, sprach das Weiblein (dachte aber anders), sage mir doch zur Güte, was dir den Butterzopf so verleidet, und laß mich Theil nehmen an deinem schmerzhaften Gedankenkrampfe. Darauf Er zornentbrannt schrie, nur nicht gefragt, oder gar nach der Frage gefragt. Kannst du Lesen? so lies. Und das dicke Musikanten-Weiblein nahm fast bebend ein klein schier leeres Blättlein, mit zwei zierlichen Zeilchen versehen, und las:

«Was hätten wohl die Tonkünstler vorgenommen, wäre der Weltuntergang am 7. December gekommen?»

Sie lächelte dann darob und sprach: was fürchtest du dich, Lieber? Was kann dir geschehen? Antworte, was du willst, wer kann dir beweisen, daß du Unrecht habest.

Ueberdies ist der Gedanke gar nicht neu, sondern aus dem Shakespeare, und nichts weiter als eine Variation über das Thema: Sein oder nicht sein, das ist die Frage. Ja, ja, das ist die Frage, sind Musikanten nach dem Weltuntergange, was werden sie vornehmen? Gewiß anderes nichts als sie vorher vorgenommen, und was du dann thust, weiß ich – darauf der Musikant mit fremder Stimme aus sich herausprach: –

«Was einmal in der großen Sphären-Musik vom allmächtigen Tonsetzer da oben angeklungen, wird nicht verhallen in Ewigkeit, die zitternde Saite hier wird drüben nicht mehr beben, und frei vom irdischen Geräusche, das sie vom Saitenhalter der Erde noch an sich trug, wird sie dort in ungestörten Tönen fortklingen in allen Zeiten. – Amen.»

Das Weiblein aber lachte heimlich und dachte, was ist so ein Musikant für ein Kerl, Dur und Moll nur einen halben Ton auseinander, und ist denn das eine Antwort, frug sie![64]

Instrumentalwerke und Lieder

«Geschrieben wurden Webers Klavierstücke im ersten und zweiten Jahrzehnt unseres Jahrhunderts, gespielt wohl allgemeiner im dritten und vierten, ihre glänzendste Concertwirkung sollen sie durch Franz Liszt im fünften gewonnen haben, und die erste Gesamtausgabe erschien im sechsten Jahrzehnt.»[65]

Wilhelm Heinrich Riehl hat in seinem kunstgeschichtlichen Skizzenbuch «Musikalische Charakterköpfe» ein Kapitel dem Klavierkomponisten Weber gewidmet. Er stellt fest, daß sich in Webers Werken für Klavier das Virtuosentum ankündigt: die Klaviersonate wird zur Konzertsonate. Die Sonatenform kann Webers Originalität nicht einschnüren, thematische Logik im Sinne der Tradition interessiert ihn weniger als die Bildhaftigkeit des musikalischen Ausdrucks. Oft übernommen wurde das Urteil, das Riehl und Max Maria von Weber über die Klavierkompositionen Webers gefällt haben: es handle sich hier hauptsächlich um Vorstufen für dramatische Arbeiten.

Der Tondichter, der vom Klavier seinen Arbeitsstoff holt, ist beinahe stets arm geboren, oder auf dem Wege seinen Geist dem Gemeinen und Gewöhnlichen selbst in die Hand zu geben. Denn eben diese Hände, diese verdammten Klavierfinger, die über dem ewigen Üben und Meistern an ihnen endlich eine Art von Selbstständigkeit und eigenwilligem Verstand erhalten, sind bewußtlose Tyrannen und Zwingherren der Schöpfungskraft, schreibt Weber in seinem Romanfragment *Tonkünstlers Leben*.[66]

Weber war zu seiner Zeit ein gefeierter Klaviervirtuose. Zu Beginn des 19. Jahrhunderts wurden immer häufiger öffentliche Konzerte veranstaltet; das breite Publikum entschied mit, wer zum beliebten Virtuosen avancierte. Die Gunst eines Fürsten war nun nicht mehr allein entscheidend für eine Musikerkarriere.

Weber hat fast alle Klavierkompositionen für den eigenen Gebrauch geschrieben. Sie haben einen Schwierigkeitsgrad, der eine hervorragende Spieltechnik erfordert. Walter Georgii weist in seiner Untersuchung nach, daß Webers Klavierwerke stilistisch durch Dussek und Prinz Louis Ferdinand von Preußen beeinflußt sind. Webers Werk hat Liszt und vor allem Chopin, der Webers Kompositionen in seinem Repertoire hatte und gerne spielte, zu Bearbeitungen und eigenen Kompositionen angeregt.

Wenn Webers Name im Zusammenhang mit Salonmusik fällt, so ist

damit nicht der eher negativ aufgefaßte Begriff für Musik «zweiter Klasse» um 1900 gemeint, denn Anfang des 19. Jahrhunderts war sie im besten Sinne Gebrauchsmusik, Musik zur Unterhaltung, die natürlich auf Wirkung bedacht sein mußte. In der Form der Variation, die keinen strengen kompositorischen Themenaufbau haben mußte, konnte Weber die ihm eigene Virtuosität und elegante Bravour entfalten. Sein Werkverzeichnis nennt entsprechend viele Variationswerke.

Da Weber auch als Klavierpädagoge tätig war, hat er einige Stücke hinterlassen, die für den musikalischen Laien spielbar sind. Reizvoll sind die vierhändigen *Charakterstücke op. 60*; es sind Kompositionen, die mit der Bezeichnung «Lieder ohne Worte» charakterisiert werden könnten.

Von Webers vier Klaviersonaten ist die zweite in *As-Dur op. 39* die bedeutendste. An ihr zeigt sich, was Wilhelm Heinrich Riehl mit dem Übergang von Sonate zum Konzertstück meinte: die orchestralen Möglichkeiten des romantischen Klavierstils werden hier angewandt. In dieser Sonate ist Weber bis zu Schumann, an manchen Stellen auch zu Chopin und Liszt, vorgedrungen.

Neben den beiden *Klavierkonzerten in C- und Es-Dur* ist das *Konzertstück in f-moll, op. 79* die berühmteste und effektvollste Komposition für Klavier mit Orchesterbegleitung, die nur noch an Popularität von der *Aufforderung zum Tanz, op. 65*, übertroffen wird:

Weber als Vorläufer von Lanner und Johann Strauß, die von ihm nicht nur das rasche Walzertempo übernommen haben, sondern auch seine Idee der langsamen Einleitung! Webers Frau Caroline ist die *Aufforderung zum Tanz* gewidmet. Das 1819 entstandene Werk hat Weber so charakterisiert:

Introduktion. Erste Annäherung des Tänzers (Takt 1–5), dem eine ausweichende Erwiderung der Dame wird (5–9). Seine dringender gestellte Aufforderung (9–13; der kurze Vorschlag c und der lange as sind hier sehr bedeutsam). Sie geht nunmehr auf seinen Wunsch ein (13–16). Sie reden nun miteinander. Er beginnt (17–19), sie antwortet (19–21), er mit erhöhtem Ausdruck (21–23), sie wärmer zustimmend (23–25). Jetzt handelt es sich um den Tanz! Seine direkte Aufforderung hierzu (25–27), ihre Antwort (27–29), ihr Zusammentreten (29–31), ihr Antreten; Erwartung des Tanzbeginns (31–35). – Der Tanz. – (In dessen Verlauf kommt es zu einem neuen Zwiegespräch, das zu einem gegenseitigen Liebesgeständnis führt) Schluß: Sein Dank. Ihre Erwiderung. Zurücktreten. Stille.[67] Von Hector Berlioz liegt die bekannteste Bearbeitung des Werkes für Orchester vor.

Webers kammermusikalisches Schaffen umfaßt nur drei Werke, von denen das *Klarinettenquintett op. 34* durch seine brillant komponierten Passagen für das Soloinstrument auffällt. Das *Klavierquartett* und das *Klaviertrio op. 63* sind Gelegenheitskompositionen. Webers Werke für Blasinstrumente (Horn, Fagott, Klarinette) und Orchester erklingen heute als instrumentale Bravourstücke noch ab und zu in den Konzertsälen.

Von Webers Schauspielmusiken kennen wir heute nur die *Turandot* (1806–09), die Paul Hindemith in seinen «Sinfonischen Metamorphosen» thematisch verarbeitet hat. Herauszuheben ist die Schauspielmusik zu Pius Alexander Wolffs Zigeuner-Rührstück *Preziosa*. Weber nannte die Komposition *eine halbe Oper!*. Sie wurde kurz nach der Beendigung der Partitur zum *Freischütz* begonnen. In einem Brief an den Autor hat Weber den Aufbau der elf Musiknummern erläutert. Zur Ouvertüre heißt es da:

Sie beginnt mit einem die spanische Nationalität bezeichnenden Satze. Der Zigeunermarsch, nach einer echten Melodie geformt (Weber hatte eingehende Volksliedstudien betrieben), *schließt sich ihm an, woraus sich ein feurig strömendes Allegro entwickelt, den fröhlichen Schluß bezeichnend und größtenteils Preziosens und Spaniens Eigentümlichkeit vereinend.*[68]

Webers Werkverzeichnis nennt Konzertarien, Messen, Kantaten, Chorwerke mit und ohne Orchester, mehrstimmige Lieder und fast achtzig Solo-Gesänge in deutscher, englischer, französischer und italienischer Sprache. Sie entstanden in den Jahren 1802 bis 1826. Heute kennen nur wenige Sänger diese Lieder, von denen manche zu Recht vergessen worden sind, weil sie, als Gebrauchsmusik für den Augenblick niedergeschrieben, uns auch vom Text her nicht mehr interessieren. Aber ungefähr ein Dutzend dieser Lieder, die Weber meistens zur Gitarre gesungen und dann erst aufgeschrieben hat, sind von leisem Humor und hinreißender Frische, wie etwa *op. 54, Nr. 7:*

«Preziosa». Stich von Fr. W. Meyer nach Heinrich Ramberg

«Aufforderung zum Tanz». Webers Entwurf

Weine, weine nur nicht,
ich will dich lieben,
doch heute nicht,
ich will dich ehren, so viel ich kann
aber's Nehmen, 's Nehmen steht mir nicht an.[69]

Zu diesen Gesängen zählt auch das freche *'S ist nichts mit den alten Weibern (op. 54, Nr. 5)*. Entdeckerfreudige Interpreten mit Sinn für eine nicht alltägliche Programmgestaltung könnten mit Webers Liedern fündig werden und mit ihnen die oft so ausgetretenen Pfade der Liederabende verlassen.

Bei meinen Gesängen hat mich immer nur das größte Streben, meinen Dichter wahr und korrekt deklamiert wiederzugeben, zu manchen neuen Melodiegestalten geführt. Die Modulation ist etwas sehr Heiliges und nur dann an ihrem Platze, wenn sie den Ausdruck befördert und erhebt, ohne dies aber ebenso leicht störend. Die Grundstimmung des Liedes ist zu suchen, an einzelne Worte darf man sich nicht halten. Der Sinn des Gedichtes verlangt oft eine von strophischer Komposition abweichende Fassung, eventuell Durchkomponierung.[70]

«Der Freischütz»

Als König Friedrich August I. durch das Decret vom 13. September 1817 Carl Maria von Weber zum Königlichen Kapellmeister auf Lebenszeit ernannt hatte, erwarb Weber endlich die materielle Sicherheit, die er brauchte, um einen eigenen Hausstand zu gründen und die Stuttgarter Schulden abzutragen. Am 4. November heiratete er Caroline Brandt in Prag.

Der 4te Novbr. war der wichtige Tag, der uns beide zu einer neuen Lebensbahn weihte. Unsere Trauung gieng auf höchst einfache und rührende Weise vor sich. Ich hatte alle Musik p.p. verbeten, desto überraschender ergriff es mich als in dem Augenblick wo der sehr brave Geistliche eine treffliche Rede begann, ein feyerlicher Männer Chor von der Orgel herab schallte, und den Eindruck des Augenbliks ungemein erhöhte. Meine ehemaligen Choristen hatten sich diese Freude nicht wehren lassen, und der Beweiß so fortdauernder Anhänglichkeit erfreute mich sehr. Ein fröhliches Mahl, mit wenigen Freunden beschloß den Tag und den 5ten pakte ich schon Mutter und Tochter in den Wagen. Die Reise über Karlsbad, Bamberg, Würzburg p.p nach Mannheim, wo wir den 10ten ankamen, war sehr angenehm und heiter. Der Abschied von der Mutter mit mehr Faßung als ich hoffen durfte. Sie lebt geliebt und gut bey ihrem Sohne. Von da gieng's nach Darmstadt und Mainz. Das war der einzige bittere Punkt meiner Reise. Mit dem liebevollsten Herzen wie ich es vor sechs Jahren von Mannheim mitnahm, kam ich nach Mainz zu Gottfried Weber, und fand leider nicht mehr ganz denselben, überhäufte Geschäfte, isolirt stehen, hatten ihn in sich selbst befangen, und wir konnten nicht so aufthauen und die alte Zeit zurükrufen, wie ich es gehofft hatte. Es that mir recht von Herzen wehe, ich hatte mich so sehr darauf gefreut . . .

Eine Menge Gastspieler zur Rekrutirung meiner Deutschen Oper beschäftigen mich jetzt. Ende Juny aber gedenke nach Pillnitz auf's Land ziehen zu können, und fünf bis sechs Wochen blos meiner Erholung und Compositionen leben zu dürfen. Meine Oper die Jägersbraut ist zur Hälfte entworfen und soll künftigen Winter in die Welt treten.[71]

Am 18. Juni 1818 bezieht Weber mit seiner Frau die Sommerwohnung in Hosterwitz, ein Häuschen, an der Landstraße von Dresden nach Pillnitz gelegen. In der herrlichen Umgebung erholte sich Weber von seinem anstrengenden Dienst – monatelang mußte er Morlacchi vertreten, der Urlaub genommen hatte, um nach Italien zu reisen.

Caroline von Weber, geb. Brandt. Gemälde von Alexander von Weber

In Hosterwitz entstehen umfangreiche Teile des *Freischütz* und des *Oberon*. Das idyllische Hosterwitz ist der Ort geselliger Begegnungen, aber auch Zufluchtsstätte. Als das erste Kind, die viermonatige Marie Caroline Friederike Auguste am 28. April 1819 stirbt, zieht sich Weber mit seiner Frau hierhin zurück. In der Entstehungszeit des *Freischütz* schreibt Weber Kompositionen für das fünfzigjährige Regierungsjubiläum Friedrich Augusts (*Jubel-Kantate*) und zur goldenen Hochzeit des

Königspaares (*Jubel-Messe*). 1819 entstehen das *Rondo in Es-Dur*, die *Polacca in E-Dur* und die berühmte *Aufforderung zum Tanz*.

In die 4 Pfähle meines Hauses ziehe auch ich mich täglich mehr zurük, und bin darinnen sehr glüklich. So erträgt sich auch alles äußere Ungemach leicht, dessen ich wohl mancherlei habe, aber eben nicht mehr als jedes Verhältniß in der Welt bieten würde. Was freue ich mich darauf einmal recht mit Dir mich aussprechen zu können. Meine Ankunft in Berlin ist noch gänzlich unbestimmt, da H. Spontini mit seiner Olimpia meiner Jägersbraut in den Weg tritt. Meine Oper ist nun verschoben und ich kann noch nicht mit Gewißheit bestimmen wann sie sein wird. wahrscheinlich gegen den Herbst zu.[72]

An Lichtenstein am 21. Juni 1820: Das lange Verzögern mit der Vollendung Eures neuen Theaters hat mich gezwungen, meine Reise vorher zu machen. Ich werde also den 25ten July von hier über Leipzig nach Halle, Göttingen, Hannover, Braunschweig, Bremen, Oldenburg, Hamburg, Lübeck, Kopenhagen gehn. Meine Bitte an Dich geht also nicht nur dahin daß Du so gütig sein sollst mir selbst Briefe an diese Orte zu geben, sondern mir auch noch welche im Kreise Deiner Bekannten und Freunde zu verschaffen.[73]

Webers Tagebuchaufzeichnungen halten die genauen Daten der Entstehungsgeschichte der *Freischütz*-Partitur fest: am 2. Juli 1817 wurde die

Blick auf Hosterwitz und Pillnitz. Gemälde von C. P. Günther, um 1820

Webers Haus in Hosterwitz. Anonyme Zeichnung

erste Note zum *Freischütz* komponiert, und am 17. Juni 1821 vermerkt seine Eintragung: *Klavierauszug der Oper vollendet.*[74] Der Textdichter des *Freischütz*, der spätere Hofrat Friedrich Kind, Mitglied des «Dresdner Dichtertees», schreibt in seinem 1843 erschienenen «Freischützbuch»[75] über das erste Zusammentreffen mit Weber: «Es mochte im Sommer oder Herbst des Jahres 1816 sein, als der nun verstorbene Kammermusikus Schmiedl einen Fremden zu mir brachte, schwarz gekleidet, blaß, doch sehr geistreich von Gesicht, ungefähr von meiner Größe, nur noch schmächtiger, den ich wegen seiner, mir im Verhältnis etwas zu lang dünkenden Arme und Hände, für einen Pianoforte-Virtuosen hielt. Er nannte sich Carl-Maria v. Weber! Ich war höchst erfreut, seine Bekanntschaft zu machen ... Wir schieden als nicht neue Freunde.»[76]

Friedrich Kind beschäftigte sich, von Weber dazu aufgefordert, nun mit dem Plan eines Opernlibrettos.

«Ich entsann mich, irgendwo gelesen zu haben, daß sogar die Tragödie durch Verbindung mit der Oper ihre höchste Stufe erreichen werde. Ich bedachte, was mir bei dem Besuch der Opern – denn ohne innere Kritik war es doch dabei auch nicht abgegangen – vorteilhaft oder mißbilligend und unpassend vorgekommen war, aber ich überzeugte mich auch, daß durch Verbindung aller Künste, als der Poesie, der Musik, der Aktion, der Malerei und des Tanzes ein Großes zu erreichen sei.»[77]

Kind gesteht ganz offen, daß er kaum Noten lesen könne und er sich noch nie mit der Gattung Oper befaßt habe, daß es ihn jedoch reizen würde, sich auf diesem Gebiet zu versuchen. – Was Kinds Forderungen an den Text angehen, so sollte er vor allem «volkstümlich» sein. Neben der Begeisterung, die Weber und Kind für den «Freischützstoff» erfaßt hatte, tauchten doch auch Schwierigkeiten auf, die aber bald mit Enthusiasmus,

Titelblatt des «Gespensterbuchs»

*Friedrich
Kind*

mit dem Kind und Weber an die Arbeit gingen, überwunden wurden. Kind bemerkt zu dem ursprünglich tragischen Ende des Stoffes: «Wir brachten nun gegeneinander vor, was sich sagen ließ – daß man vielleicht nirgends die Aufführung wagen werde, denn freilich herrschte damals auf den Bühnen eine strengere Zensur; daß der [nach Apel[78]] doppelte Untergang der Liebenden als Schluß allzu tragisch sei, daß man uns der Beförderung des Aberglaubens beschuldigen werde, daß die Aufopferung der Unschuld mit der Schuld als unmoralisch gelten könne ... usw.»[79]

1817 schreibt Weber an seine Braut: *... wieder Probe, und dann zu Kind, der – stelle dir vor – schon mit der ganzen Oper fertig ist. Es hat ihm keine Ruhe gelaßen er war so erfüllt von seinem Stoff, daß er alles liegen ließ, und Tag und Nacht arbeitete. Sie ist abermals umgetauft worden, und heißt nun die Jägersbraut. Ich hoffe es soll von großer Wirkung sein. Es ist viel Abwechslung darin und Gelegenheit den größten Scenischen Apparat von Decorationen ec. anzubringen, doch auch so, daß man sie überall geben kann, im Ganzen ist aber der Charakter schauerlich. kommt auch der Spadifankerl drin vor als schwarzer Jäger. gelt möchtest gern die Geschich-*

te wissen? muß dirs wohl schikken, wenn es doppelt abgeschrieben ist, damit Muks schnuffeln kann. Im Kurzen ist es folgendes (ich muß dirs nur erzählen denn ich sehe schon, du verzwazelst fast vor Neugierde und Ungeduld). Ein alter fürstl. Förster will seinem braven Jägerburschen Max, seine Tochter und Dienst geben, und der Fürst ist es zufrieden, nur besteht ein altes Gesezz, daß jeder einen schweren Probeschuß ausführen muß. ein anderer boshafter liederlicher Jägersbursche Kaspar hat auch ein Auge auf das Mädel, ist aber dem Teufel halb und halb ergeben. Max sonst ein trefflicher Schütze, fehlt in der letzten Zeit vor dem Probeschuße, alles ist in Verzweiflung darüber und wird endlich durch Kaspar dahin verführt, sogenannte Freykugeln zu gießen, wovon 6 unfehlbar treffen, dafür aber die 7. dem Teufel gehört. Diese soll das arme Mädchen treffen, dadurch Max zur Verzweiflung und Selbstmord geleitet werden ec. Der Himmel beschließt es aber anders. beim Probeschuß fällt zwar Agathe, aber auch Kaspar, und zwar letzterer wirklich als Opfer des Satans, erstere nur aus Schrecken, warum ist im Stück entwickelt. das Ganze schließt freudig. ich weiß wohl, daß du aus diesem nicht viel wirst herausstudieren können, und dir vielleicht gar keine Idee davon erwecken kannst, es soll auch nur ein ganz kleiner Vorgeschmack sein, bis du es selber lesen wirst.[80]

Die erste Quelle des Freischütz-Stoffes ist ein Bericht Otto Grabens zum Stein, den Apel als Vorlage für seine Novelle «Der Freischütz» benutzte. Das Buch trägt den Titel: «Unterredungen von dem Reiche der Geister zwischen Andrenio und Pneumatophilo, Leipzig bei Samuel Benjamin Walthern, 1730». In diesen Unterredungen gibt Otto Graben zum Stein einen Bericht, der den Gerichtsakten der böhmischen Stadt Taus (Domažlice) entnommen ist. Apel läßt die tatsächliche Geschichte des Schreibers Georg Schmid aus dem Jahre 1710 nur als warnendes Beispiel vom Förster Bertram[81] erzählen. Die schauerliche Szene des Kugelgusses bildet den Höhepunkt in Apels Erzählung, die nur in den Grundzügen der Quelle nachgedichtet ist. Bei Apel gießt der ehemalige Schreiber Wilhelm[82] nicht aus Ruhmsucht und Geldgier – wie jener Georg Schmid aus Taus die Freikugeln, sondern um ganz sicher zu sein, daß er Käthchen[83] beim Probeschuß auch erringen wird.

Bei der damaligen Beliebtheit solcher «Schauergeschichten» ist es nicht verwunderlich, daß schon vor Kind und Weber andere Bearbeitungen des Stoffes geschaffen wurden. Louis Spohr zum Beispiel wollte einen «Freischütz» komponieren (Libretto: Georg Döring), doch als sich Weber mit der Komposition befaßte, ließ er den Plan wieder fallen. Weber revanchierte sich einige Jahre später, als er zugunsten Spohrs auf eine Faust-Oper für London verzichtete und den *Oberon* komponierte. 1816 entstand in Wien ein Theaterstück mit Gesang «Der Freischütz» von Ferdinand Rosenau. Mehr Erfolg hatte das zu gleicher Zeit in Wien erschienene «Schauspiel mit Gesang» von Aloys Gleich und dem Musiker Franz Roser. Schließlich ist noch ein Trauerspiel des Grafen von Risch erwähnenswert, das ebenfalls den Freischütz-Stoff zur Vorlage hatte und in Würzburg 1821 herauskam.[84]

Die wichtigste Bearbeitung des Stoffes – neben Kind und Weber –

lieferte der kaum bekannte Münchner Hofrat Franz Xaver von Caspar.[85]
Sein Stück gelangte 1812 mit der Musik Carl B. Neuners[86] an die Öffentlichkeit. Die erste n i c h t t r a g i s c h e Fassung stammt aus dem Jahre 1812
(die zweite, tragische Fassung 1813) – also fünf Jahre bevor Kind mit
seiner Bearbeitung begann. Kinds Behauptung, er sei der Urheber der
nichttragischen Bühnenfassung dieses Stoffes muß auf Grund der wieder-
entdeckten Manuskripte angezweifelt werden.

Gottfried Mayerhofer stieß bei seiner Dissertation über den Münchner
Hofkomponisten Neuner auf den Librettisten der niemals aufgeführten
romantischen Tragödie «Der Freischütze», auf eben jenen Münchner

Hofrat von Caspar. Seine «romantische Tragödie» (1. Fassung) ist de facto gar keine Tragödie, denn sie schließt mit dem Sieg des Guten über das Böse. Diese erste Fassung des «Freischützen» lag in mehreren Abschriften vor, so daß angenommen werden kann, daß Friedrich Kind von ihrer Existenz gewußt hat, denn in seinem 1843 erschienenen «Freischütz-Buch» schreibt er, wie gründlich er das Quellenstudium betrieben und alles, was irgendwie damals mit dem Stoff zusammenhänge, gekannt und gesammelt habe. Kinds Behauptung widerlegt ein Dokument, das aufschlußreich und Beweismaterial zugleich ist. Dieser Brief Kinds an Caspar findet sich nämlich nicht in Kinds «Freischütz-Buch», wo er sonst alles Mögliche und Unmögliche zum Thema Freischütz gesammelt hat. Franz Xaver von Caspar hatte seinen «Freischütz» an Kind geschickt, der ihm hierauf erwiderte: «. . . jedenfalls muß es dem Dichter hochinteressant sein, sich mit anderen auf ein und demselben Weg zu finden und zu

Überreichung der Totenkrone. Farbiger Volksbildbogen zum «Freischütz»

sehen, wie man miteinander zusammentrifft, wo man voneinander abweicht. Dies zu beobachten hat mir die Lesung Ihrer Dichtung doppelt angenehm gemacht, auch hat sie mir aufs neue die Bemerkung aufgedrängt, daß dieser Stoff außerordentlich zur Oper neige ... Ihr Robert und mein Kaspar sind in gewisser Hinsicht Brüder ... die Notwendigkeit einer Mittelsperson zwischen Wilhelm und dem Bösen mag sie erzeugt haben.»[87]

Kind erwähnt nie wieder diesen Brief, erwidert auch nichts auf Caspars Anschuldigungen, seine Bearbeitung sei ein Plagiat! Neuner starb 1830, Caspar 1833 – Kind schwieg, und die Urheber der ersten nichttragischen Bühnenfassung des Freischütz-Stoffes und Anreger der Kind–Weber-Fassung gerieten in Vergessenheit.

Unbestreitbar ist die geistig-konzeptionelle und szenisch-dramaturgische Abhängigkeit des Kind-Librettos von der Casparschen Bearbeitung. Diese Abhängigkeit soll nur in einigen wichtigen Punkten angedeutet werden[88]:

1. Apels Erzählung endet mit dem Tod der Hauptperson, Caspars Libretto in der ersten Fassung schließt dagegen n i c h t tragisch.

2. Bei Apel sind G u t und B ö s e nicht direkt handlungsbestimmend. Caspar schafft als erster Librettist diese Vertiefung des Stoffes durch Einfügung der Personen des E r e m i t e n und des A b a d o n n a[89].

3. Apels Erzählung hat keine «Handlung der Braut». Caspar läßt sie dagegen aktiv als «Retterin» eingreifen. Bei Kind ist Agathe als passive «Retterin» in Verbindung mit dem Eremiten zu sehen, der wie bei Caspar zum Schluß rettend eingreift. Caspar führt die Gestalt des Eremiten durch das ganze Stück, Kind hatte es ähnlich vorgehabt: das beweisen die gestrichenen einleitenden Szenen zu Beginn der Weber-Oper!

4. Die «Verwandtschaft» von Robert (Neuner) und Kaspar (Weber).

5. Die Szene im Wald (IV. Aufzug, Szene 1 bis 4 Anfang) bei Caspar entspricht der «Wolfsschluchtszene» in vielen Details!

6. Apels Erzählung aus dem 18. Jahrhundert wird durch Caspar ins 16. Jahrhundert verlegt, der Angst vor der Zensur hat, Kind siedelt die Handlung aus eben diesen Gründen «kurz nach Beendigung des Dreißigjährigen Krieges», also um 1650, an.

7. Das Motiv des «Zusatzvertrags» mit dem Teufel zur Verlängerung des Lebens um ein Jahr gegen Lieferung eines neuen Opfers findet sich nicht bei Apel, sondern zum erstenmal bei Caspar.

8. Die «Sternscheibenszene» findet sich nur bei Caspar, nicht aber bei Apel.

Max Maria von Weber teilt mit, daß bei der ersten Besprechung zwischen Kind und Weber von dem Eremiten als Lösung die Rede gewesen sei. Kind schreibt aber, daß ihm erst nach langem Überlegen diese «Erleuchtung» gekommen sei und stellt die Erfindung des nichttragischen Schlusses und seine Begründung durch die Gestalt des Eremiten als seine größte Leistung für das Libretto heraus. Franz Xaver von Caspar hatte diese dramaturgischen Ideen dagegen schon 1812 schriftlich niedergelegt. Beachtenswert ist in diesem Zusammenhang noch, daß Kind das

Kupferstiche von Heinrich Ramberg zum «Freischütz»

Libretto der abendfüllenden Oper in zehn Tagen verfassen konnte! Um
diesen Erkenntnissen Rechnung zu tragen, muß es also heißen, daß
Friedrich Kind nach den Vorlagen Apels und Caspars 1817 ein Libretto
geschrieben hat, das, nach einigen Änderungen und Strichen, Webers
Anerkennung fand. Der Ort der Handlung ist Böhmen, Zeit um 1650, um
die «schauerlichen Szenen» vor der Zensur und dem Publikum zu moti-
vieren. Der Kreuzweg wird zur «Wolfsschlucht» (Hohnsteiner Wilde
Gegend). Die Zahl der Kugeln wird aus dramaturgischen Gründen auf
sieben reduziert (ursprünglich: 60 treffen, drei äffen!). Das Entschei-
dende ist der «Sieg des Guten über das Böse». Kind führt die Gestalt des
Eremiten zu Beginn der Oper mit zwei Szenen ein, damit er zum Schluß
nicht nur als deus ex machina erscheint: Der Eremit erhält Besuch von
Agathe, die ihm von ihrer Angst vor dem Probeschuß erzählt. Kind faßt

den Apelschen Jägerburschen Rudolf und den stelzfüßigen Soldaten in einer Person – Kaspar – zusammen, dessen Werben um Agathe von ihr abgewiesen wurde. Aus Apels «Mutter Anne» wird «Ännchen». Hinzugefügt werden die Personen des Bauern Kilian, Brautjungfern, die Musikantenszenen, die Jägerszenen mit Fürst Ottokar. Apels Förster Bertram wandelt sich in den Erbförster Kuno. Der Geisterchor in der Wolfsschlucht stammt aus Kinds Erstlingswerk «Leonardos Schwärmereien» (1793).

Als Webers Braut Caroline das vollständige Opernbuch gelesen hatte, meinte sie mit dem ihr eigenen Sinn fürs Theater und Bühnenwirksame: «Weg mit diesen Szenen [den einleitenden Eremitenszenen], mitten hinein ins Volksleben mit dem Beginn der Volksoper, lasse sie mit der Szene vor der Waldschenke beginnen.»[90] Nur mit Mühe konnte Weber seinen

Textdichter zur Streichung der ersten beiden Szenen bewegen. In allen von Kind besorgten Textausgaben ließ er aber diese Szenen mitdrucken. In der Wolfsschlucht änderte Weber die drei Rabenstimmen in unsichtbare Geisterstimmen um. Überall strafft und kürzt er, immer von der dramaturgischen Bühnenwirksamkeit ausgehend. Dem berühmt gewordenen Jägerchor läßt er eine zweite Strophe («Diana ist kundig») hinzufügen. 1821 dichtet Kind noch eine Romance und Arie des Ännchens. Mlle. Eunicke, die erste Darstellerin des Ännchens, hatte ausdrücklich noch eine zweite Arie verlangt, andernfalls wollte sie nicht auftreten und die Partie abgeben.

Über Friedrich Kinds «Freischützlibretto» sagte Goethe am 9. Oktober 1828 zu Eckermann: «Wäre der Freischütz nicht ein so gutes (!) Sujet, so hätte die Musik zu tun gehabt, der Oper den Zulauf der Menge zu verschaffen, wie es nun der Fall ist, und man sollte daher dem Herrn Kind auch einige Ehre erweisen.»[91]

Figurinen zur Uraufführung des «Freischütz».
Kostümzeichnungen von Johann Heinrich Stürmer

Am 13. Mai 1820 trug Weber in sein Tagebuch ein: *Ouvertüre der «Jägersbraut» vollendet und somit die ganze Oper. Gott sei gelobt und ihm allein die Ehre.*[92]

Über drei Jahre hat er an der Oper gearbeitet, die auf Wunsch des Grafen Brühl den Titel *Der Freischütz* erhielt.[93]

Graf Brühl hatte Weber folgende Proben für die Uraufführung in Berlin zugestanden: eine Leseprobe, drei Chorproben, fünf Quartettproben, zwei Sitzproben, eine besondere Probe für die Wolfsschlucht und vier Generalproben. Zum Vergleich: Spontini[94] hatte für seine «Olympia» 42 Proben erhalten!

Im Berliner Staatsopernarchiv befindet sich das erste Regiebuch des *Freischütz*. Aus ihm geht hervor, daß Weber besonderen Wert auf eine realistische Bühnen-Gestaltung gelegt hat. In der Wolfsschlucht sollten *die Augen der Eule tüchtig glühen, die Gespenster und die wilde Jagd* sollten den Zuschauern eine packende Vorstellung des Teufelspuks geben. Der Schinkel-Schüler Gropius hatte die Bühnenbilder und Kostüme entworfen. – Wie bedeutend die Wolfsschlucht für die Theatertechnik war, zeigt die Tatsache, daß der Dresdner Theatermaschinist eigens nach Berlin reisen mußte, um sich die Berliner Aufführung anzusehen.

Der Musikwissenschaftler Hermann Abert[95] macht einen wichtigen Unterschied zwischen dem damaligen romantischen Drama und dem romantischen Singspiellibretto, das sich unter dem Einfluß der Pariser opéra-comique entwickelt hat: Beispiele sind das Wolfsschlucht-Melodram, die «Entre-Akt-Musik», die Romanze Ännchens. Der italienische Einfluß, hauptsächlich Rossinis, den Weber schätzte, ist weniger spürbar – meist nur in den Arienschlüssen und in den Ensembles. Agathes Kavatine Nr. 12 ist nach dem Vorbild der italienischen «preghiera» gestaltet. *Der Freischütz* ist also nicht «romantisch» im Sinne eines romantischen Dramas zu verstehen, obwohl zweifellos im *Freischütz* und später vor allem in der *Euryanthe* der Keim zum Wagnerschen «Musikdrama» gelegt wurde!

Der Freischütz läßt sich in kein festes Schema einordnen, er steht als Werk einzigartig da. Er vereinigt in sich französische und italienische Opern-Elemente, weist Anklänge an die Volksmusik Englands, Spaniens und Böhmens auf. Hier wird ein typischer Wesenszug der Romantik deutlich: *Ein in sich abgeschlossenes Kunstwerk, wo alle Teile und Beiträge der verwandten und benutzten Künste ineinanderschmelzend verschwinden und, auf gewisse Weise untergehend, eine neue Welt bilden.*[96]

Schon vor dem *Freischütz* gab es Ansätze zu deutschen romantischen Opern, mit Hoffmanns «Undine» zum Beispiel. Aber erst Weber ist mit dem *Freischütz* die Vollendung gelungen. Sein «Programm» gibt Aufschlüsse über Absicht und Wirkungen:

In dem «Freischütz» liegen zwei Hauptelemente, die auf den ersten Blick zu erkennen sind: Jägerleben und das Walten dämonischer Mächte, die Samiel personificirt. Ich hatte also bei der Komposition der Oper zunächst für jedes dieser beiden Elemente die bezeichnendsten Ton- und Klangfarben zu suchen; diese Ton- und Klangfarben bemühte ich mich festzuhalten und nicht blos da anzubringen, wo der Dichter das eine oder das andere der beiden Elemente angedeutet hatte, sondern auch da, wo sie sonst noch von Wirkung sein konnten. Die Klangfarbe, die Instrumentation, für das Wald- und Jägerleben war leicht zu finden: die Hörner lieferten sie. Die Schwierig- keit lag nur in dem Erfinden neuer Melodien für die Hörner, die einfach und volkstümlich sein mußten. Zu diesem Zwecke sah ich mich unter den Volksmelodien um und dem eifrigen Studium derselben habe ich es zu danken, wenn mir dieser Theil meiner Aufgabe gelungen ist. Ich habe mich sogar nicht gescheut, Einzelnes aus solchen Melodien – soll ich sagen: notlich? – zu benutzen. Es wird Ihnen nicht entgangen sein, daß der letzte Jägerchor z. B. den zweiten Theil der Melodie von Marlborough versteckt enthält . . .

Die wichtigste Stelle für mich waren die Worte des Max: «mich umgar- nen finstere Mächte», denn sie deuteten mir an, welcher Hauptcharakter der Oper zu geben sei. An diese «finstern Mächte» mußte ich die Hörner so oft als möglich durch Klang und Melodie erinnern. Sehr oft bot mir der Text die Gelegenheit dazu, sehr oft aber auch deutete ich da, wo der Dichter es nicht unmittelbar vorgezeichnet hatte, durch Klänge und Figuren an, daß dämonische Mächte ihr Spiel treiben . . .

Ich habe lange und viel gesonnen und gedacht, welcher der rechte Hauptklang für dies Unheimliche sein möchte. Natürlich mußte es eine dunkele, düstere Klangfarbe sein, also die tiefsten Regionen der Violinen, Violen und Bässe, dann namentlich die tiefsten Töne der Clarinette, die mir ganz besonders geeignet zu sein scheinen zum Malen des Unheimlichen, ferner die klagenden Töne des Fagotts, die tiefsten Töne der Hörner, dumpfe Wirbel der Pauken oder einzelne dumpfe Paukenschläge. Wenn Sie die Partitur der Oper durchgehen, werden Sie kaum ein Stück finden, in welchem jene düstere Hauptfarbe n i c h t merkbar wäre. Sie werden sich überzeugen, daß die Bilder des Unheimlichen die bei weitem vorherrschen- den sind und es wird Ihnen deutlich werden, daß s i e den Hauptcharakter der Oper geben.[97]

Weber schildert die Grundstimmung jeder Szene in allen Einzelheiten durch die Musik. Seine Charakterisierung der Personen geschieht nicht nur motivisch, sondern auch instrumental: Klarinette – Max, Oboe und Bratsche – Ännchen, Horn – Wald und Jäger usw.

Ein wahrer Meister hat im Augenblick des Empfindens auch alle ihm zu Gebote stehenden Mittel als Farben vor den Augen. Mit Harmonie und Modulation habe ich es stets sehr ernst genommen und nicht allein für jede Hauptstimmung die entsprechende Tonart zu treffen gesucht, sondern mich bemüht, mit der Modulation jeder modifizierten Regung darin treulich nachzufolgen.[98]

Auf die Tonartenverhältnisse[99] im *Freischütz* kann hier nur kurz einge- gangen werden. Bei Weber haben die Tonarten charakterisierende Stim- mungswerte, die situations- und handlungsbestimmend sind. Die Chro- matik und der Dominantseptakkord in sämtlichen Umkehrungen und Parallelerscheinungen sind dominierend. Die Haupttonarten sind c-moll und D-Dur mit allen Terzverwandten.

Berlin: das Nationaltheater am Gendarmenmarkt,
erbaut von Karl Friedrich Schinkel. Stahlstich von Finden

Man kann beim *Freischütz* von «Tonarten-Sphären» sprechen. Der
erste Akt zum Beispiel steht in D-Dur; darin sind aber gleich drei Bilder
enthalten, die einen scharfen Kontrast zueinander bilden: das Volk –
D-Dur, Max – c-moll, Kaspar – h-moll (über Terzverwandte zu h-moll,
d-moll, schließt der 1. Akt in D-Dur).

Der zweite Akt (Agathe, Ännchen) steht in der Dominante zum ersten,
in A-Dur und fis-moll. Betrachtet man den zweiten Akt in seiner Tonar-
tenfolge, so ergibt sich eine terzverwandtangeordnete Folge:

A – C – E (Agathe!) – c – Es – fis, das ist aber zugleich der gespensti-
sche Wolfsschlucht-Akkord (Samiel-Motiv), wenn man Agathes Szene in
E-Dur ausklammert, die in der Mitte des Aktes und in keinem direkten
Zusammenhang mit Samiel und der Wolfsschlucht steht, sondern als
zentrale Szene (nicht nur im 2. Akt) zugleich die Mitte der Oper bildet.

Im dritten Akt dominieren wieder C-Dur und D-Dur mit dem terzverwandten As-Dur (Kavatine) und über g-moll nach Es-Dur (Nr. 13).

Schon diese kurze Skizzierung zeigt, wie aufschlußreich das Tonarten-
verhältnis zur Charakterisierung des gesamten Werkes und auch der
einzelnen Personen ist.

Die Ouvertüre zum *Freischütz* schildert den Handlungsablauf der Oper

*Graf Carl
von Brühl*

in verkürzter Form und weist ohne Umwege auf den positiven Schluß hin. Weber sagt seinem Publikum also von vornherein, daß bei dem Kampf zwischen «Gut und Böse» die Macht der Finsternis unterliegt; denn er stellt das «sieghafte» Agathe-Motiv, bewußt durch die berühmte Generalpause abgesetzt, an den Schluß der Ouvertüre.

Die Uraufführung des *Freischütz* ging am 18. Juni 1821 mit beispiellosem Jubel über die Bühne des Königlichen Schauspielhauses zu Berlin.

Die vielen Intrigen und Querelen, die es um diese Aufführung gegeben hatte, waren vergessen. Der Intendant Graf Carl von Brühl, der Weber gerne nach Berlin geholt hätte, setzte sich mit großem Elan für ihn ein. Er hat Webers Erfolg durch geschicktes Taktieren vorbereitet. Drei Monate vor dem *Freischütz* ging Wolffs Schauspiel *Preziosa* mit der Musik Webers in Szene, eine Auftragskomposition, die Brühl angeregt hatte. Gaspare Spontini, der Generalintendant der Musik am königlichen Hofe (diese Stelle wurde eigens von König Friedrich Wilhelm III. für Spontini geschaffen), war der erklärte Gegner Webers und hat mit allen ihm zu Gebote stehenden Mitteln versucht, die Aufführung des *Freischütz* zu hintertreiben.

Einen Monat vor der Uraufführung ließ Spontini seine Oper «Olympia» in Berlin im großen Opernhaus aufführen. Der Aufwand war bewußt hochgeschraubt worden, um die nachfolgende deutsche Oper schon vom Visuellen her auszustechen. «Olympia» war ein pompöses Spektakel. 34 Trompeter bliesen den Triumphmarsch, allein der Triumphwagen hatte

Gaspare
Spontini

540 Taler gekostet, 42 Bühnenproben hatte Spontini verlangt und erhalten. Wegen der Vorbereitungen mußten zahlreiche Vorstellungen ausfallen. «Olympia» hatte das Opernpublikum in zwei Lager gespalten; Spontinis Gegner setzten ihre Hoffnung auf Weber, der mit seinem *Freischütz* der deutschen Oper Anerkennung und Daseinsberechtigung verschaffen sollte.

Mit diesen hochgespannten Erwartungen belastet, ging der *Freischütz* in Szene. E. T. A. Hoffmann, Heinrich Heine, Lichtenstein, der Knabe Felix Mendelssohn Bartholdy, Studenten, Militärs, Spontini-Anhänger und Hofbeamte wohnten der Premiere bei. Webers Tagebuch-Eintrag nach der Vorstellung lautete: *Abends als erste Oper im neuen Schauspielhause: «Der Freischütz». Wurde mit dem unglaublichsten Enthusiasmus aufgenommen. Ouvertüre und Volkslied (Jungfernkranz) da capo verlangt, überhaupt von 17 Musikstücken 14 lärmend applaudiert. Alles ging aber auch vortrefflich und sang mit Liebe. Ich wurde herausgerufen und nahm Mad. Seidler und Mlle. Eunicke mit heraus, da ich der andern nicht habhaft werden konnte. Gedichte und Kränze flogen. – Soli Deo Gloria.*[100]

Kaum eine Oper in deutscher Sprache hat so zahlreiche Bearbeitungen, Verstümmelungen und Parodien erfahren. 1824 wurde *Der Freischütz* in Paris gespielt, 1852 in Sydney und 1867 in New Orleans.

Als Weber mit seiner Frau aus Berlin zurückkehrte, machte Carolines angegriffener Gesundheitszustand eine Kur in Schandau, einem von Dresden fünf Meilen entfernten Badeort in der sächsischen Schweiz,

erforderlich. Weber begleitete sie dorthin. Am 21. Juli 1821 abends fuhr
Weber zurück nach Dresden. Auf einem Fährschiff bei Pirna überraschte
ihn ein starkes Gewitter. Die Kutschpferde scheuten und rissen den
Wagen fast von der Elb-Fähre. Nur mit Not entging Weber dem Tod
durch Ertrinken. Aufgewühlt von diesem Erlebnis, verfaßte er noch am
gleichen Abend in Dresden sein Testament:

*Da mich diesen Abend ein ganz eigenes Gefühl dazu drängt, so folge ich
meiner inneren Stimme, meine Willensmeinung hierdurch auszusprechen,
und festzusetzen wie es nach meinem Tode mit dem mir Angehörigen
gehalten werden soll, und sollen diese Zeilen volle Testamentsgültigkeit
haben.*

*Es ist mein fester, und letzter und einziger Wille, daß alles was ich
gegenwärtig besitze, oder nach meinem Tode mir noch zufallen könnte,
einzig und allein meine geliebte Frau, Caroline von Weber, geborne
Brandt, besitzen solle und Sie hiermit zu meiner Universal-Erbin erklärt
wird.*

*Meine Brüder und sonstige Verwandte haben nicht das geringste Recht
an mein Vermögen, weil ich nichts ererbt, sondern alles erworben habe.
Auch ist es meine größte Pflicht stets gewesen dafür zu sorgen, daß meine
Frau, die mir zu Liebe ein schönes künstlerisches Talent, das Sie reichlich
ernähren konnte, aufgab, eine so viel mir möglich war, zu erreichende
gesicherte Zukunft haben möge. Ferner hat meine Frau mir eine ansehn-
liche Summe baar mitgebracht und fast alles Mobiliar ec. angeschafft.*

*Da es nun Gott dem Allmächtigen gefallen kann, mich noch heute Nacht
hinwegzunehmen, so hege ich zu dem Gefühl meiner Brüder und Verwandten das Zutrauen, daß Sie diesem meinen festen Willen nichts in den Weg
legen werden, sollten auch diese Zeilen wegen verabsäumter Formen und
Gebräuche ec. oder sonstiger juristischer Einwürfe, nicht eigentliche gesetz-
liche Form haben.*

*Und ich würde Jedermann verfluchen müssen, der den Willen zu verhin-
dern suchen würde, den ich stets vor Augen hatte, so lange ich meine
geliebte Frau die Meinige nenne.*

*Gott gebe mir die Kraft, alles auch im Wege Rechtes besorgen zu können.
Aber o! Herr! Dein Wille geschehe.*

– Dresden den 21. July 1821.   Carl Maria von Weber.
Königlich Sächsischer Capellmeister.[101]

Natürlich war der Berliner Triumph des *Freischütz* bis nach Dresden,
Webers Wirkungsstätte, gedrungen. Kaum zurückgekehrt, mußte Weber
doppelten Dienst tun, denn Morlacchi hatte sich für längere Zeit krank
gemeldet.

*Endlich fangen die Leute hier auch an stuzzig zu werden, und ich muß
Allerhöchstem Willen gemäß den Freyschützen aufführen. Er soll die erste
Oper nach Neujahr sein. ich wollte, der Kelch wäre schon an mir vorüber-
gegangen. – Nun, ich konnte nicht länger ausweichen. Nun, lieber Bruder*

Szene aus «Robin des Bois», einer französischen Bearbeitung des «Freischütz»

bitte ich Dich Namens unserer Direction um einen solchen Adler mit
Flügeln zum an- und abmachen, wie der letzte in Berlin. aber so bald als
möglich. auch habe die Güte mir den Preiß bald wissen zu lassen.

Spohr lebt seit vier Wochen hier und will ein Jahr hier bleiben um seine
Töchter im Gesang zu bilden. Im letzten Abonnement Concert der Kapelle
spielte ich mein neues Conzertstük mit ungeheurem Beyfall. Da geben wir
nun recht ordentlich ganze Simphonien p.p . . . Grüße Deine liebe gute
Victoire herzlichst von meiner Lina und mir, auch alle unsere Freunde und
behalte lieb

Deinen alten treuen Weber.

Dresden d. 3ten Decbr. 1821.
Schikke mir doch die Adresse von dem guten Bier.[102]

Das Berliner *Freischütz*-Kapitel schließt mit einer Dissonanz. Graf
Brühl hatte Weber zur 50. Aufführung ein Geldgeschenk von 100 Talern
übersenden lassen. Weber lehnte die Annahme des Geldes ab, obwohl er
es sich eigentlich nicht hätte leisten können. Es ist nur zu verständlich, daß

101

Weber sich in seinem Stolz verletzt fühlte, offiziell eine Summe anzunehmen, deren Höhe im Vergleich zu den Einnahmen (meist ausverkaufte Vorstellungen!) lächerlich war. Weber hatte keinen Anspruch auf Tantiemen, mit dem einmaligen Kompositionshonorar waren alle Ansprüche abgegolten. Ein Auszug aus seinem Antwortschreiben an den Grafen Brühl vom 13. Januar 1823 zeigt, daß Weber sich nicht einfach damit abfindet, *wie man in Deutschland seine Komponisten belohnt und aufmuntert. Offenherzig bekenne ich daher daß mich dieses Anerbieten tief geschmerzt hat. Bei der Oeffentlichkeit die leider jezt in der Welt Allem Begleiter ist, kann es nicht fehlen daß auch dieß bekannt würde.*

Denken Sie Sich einen Artikel folgenden Inhalts. –

«Die in achtzehn Monaten stattgefundene funfzigmalige Wiederholung des Freyschütz wurde von unserer geehrten General-Intendanz öffentlich bezeichnet. Dieser in den Annalen des Theaters so seltene Fall, verdiente auch eine besondere Auszeichnung, zumal, da dem Vernehmen nach diese funfzig vollen Häuser der Kasse einen Ertrag von 30 000 Thaler gebracht haben sollen. Man hat daher dem Komponisten ein Geschenk von 100 Thaler angewiesen.» – Dieß ist also der Lohn – würde man sagen – die Auszeichnung, die ein deutscher Komponist – von der ersten deutschen Königlichen Kunstanstalt, von dem das vaterländische Talent so warm beschützenden Director derselben erlangen kann, wenn er einen bisher unerhörten Erfolg erreicht hat.[103]

«Euryanthe»

Im Spätherbst 1821 erhielt Weber den Auftrag, für das Kärntnertortheater[104] in Wien eine Oper zu schreiben. Der *Freischütz*-Erfolg, der sich von Inszenierung zu Inszenierung noch steigerte, turg erste Früchte. Weber nahm den Auftrag sofort an, obwohl er eigentlich für Dresden seine Oper *Die drei Pintos* fertig komponieren wollte.

Die Wiener haben mir höchst anständige Bedingungen gemacht. ich gehe jetzt blos hin, um das Sänger Personal kennen zu lernen, für das ich schreiben soll. Bis zum Sept. soll die Große Oper fertig sein. so lange ruhen die Pintos. Das Gedicht halte ich für höchst ausgezeichnet das mir Helmina von Chezy dazu gemacht hat. Die Oper heißt «Euryanthe». Es fehlt also nichts als die Kleinigkeit, daß ich sie ordentlich mache. Nun, hat Gott so weit geholfen, wird er mich auch nicht stekken lassen.[105]

Mit dem Textbuch zur *Euryanthe* hat Weber große Schwierigkeiten gehabt. Nach dem Zerwürfnis mit Friedrich Kind, der sich von Weber schlecht behandelt fühlte, weil Weber angeblich den Ruhm des *Freischütz* nur allein auf sich versammelte, mußte ein neuer Librettist für die Wiener Auftragsoper gefunden werden. Ähnlich wie Verdi mit dem Dichterkomponisten Boito hervorragend zusammenarbeiten konnte, wäre es ein Glücksfall für die deutsche Oper gewesen, wenn sich eine solche Verbindung zwischen Weber und E. T. A. Hoffmann hätte herstellen lassen. Aber Weber suchte wieder – wie beim *Freischütz* – in Dresdner literarischen Kreisen und kam auf die nicht gute Idee, Helmina de Chézy das Angebot zu unterbreiten, für ihn ein Libretto zu schreiben.

«An einem goldleuchtenden, milden Oktoberabend des Jahres 1821 im deutschen Florenz, dessen Himmel mit italienischen Gluten prangte, weilte ich im Vorübergehen auf einer Brüstung der Elbbrücke, die herrliche Landschaft betrachtend, als unvermutet beim Umwenden Weber und seine Gattin vor mir standen.»[106]

Die Dresdner Dichterin Chézy war eine geborene von Klencke. In zweiter Ehe mit dem Orientalisten Antoine Léonard de Chézy verheiratet, lebte sie allein in Dresden, bekannt als etwas schrullige Dame.

Die Chézy nahm Webers Angebot geschmeichelt an und schlug ihm einen Komödienstoff vor, der ihrer Meinung nach dem Geschmack der Wiener entgegenkommen würde. Weber lehnte ab. Seine Idee war, eine *große, heroische Oper* zu komponieren. Dafür wollte er sogar die Arbeit an den *Drei Pintos* unterbrechen.

Weber. Lithographie von Gustav Eckert
nach dem Gemälde von C. Vogel, 1823

Nach einigem Hin und Her einigte man sich schließlich auf die *Euryan-the,* eine Geschichte, die sie aus dem Französischen für die Schlegelsche «Sammlung romantischer Dichtungen des Mittelalters» (1804) schon übersetzt hatte. Der Vorwurf zu dieser Geschichte «von der tugendsamen Euryanthe von Savoyen» findet sich häufig in der Dichtung des Mittelalters: Die Treue einer Frau wird zum Anlaß einer Wette. Alle Beweise scheinen die Untreue der Frau zu belegen. Der Betrogene nimmt Rache an der Ehrlosen. Im letzten Augenblick stellt sich jedoch heraus, daß die Beweise fingiert waren. Der Betrüger wird entlarvt. Das Paar findet wieder zueinander.

Helmina de Chézy schrieb ihr Textbuch nach einer Erzählung aus dem 13. Jahrhundert «L'Histoire du très-noble et chevalereux prince Gérard, comte de Nevers, et de la très-vertueuse et trèschaste princesse Euriant de Savoye», die Geschichte des edlen Prinzen Gérard von Nevers und seiner tugendhaften Prinzessin Euryanthe.

Das erste Szenarium entwarf die Chézy in enger Anlehnung an die Vorlage. Die Problematik des Librettos, in der ein vergifteter Ring der verstorbenen Schwester Euryanthes eine Rolle spielt, diskutierte Weber mit Ludwig Tieck. Die Bedenken Tiecks, doch lieber auf einen anderen Stoff, vielleicht Shakespeares «Cymbeline» zurückzugreifen, ließ Weber nicht gelten. Er änderte und verbesserte so lange an dem Buch, bis ihm die Möglichkeit, es vertonen zu können, gegeben schien. Warum Weber den Text nicht selbst geschrieben hat, ist nicht bekannt. Vielleicht wollte er Helmina de Chézy nicht vor den Kopf stoßen. Die Ungereimtheiten des Librettos zeigen heute noch Auswirkungen: sie vor allem sind die Ursa-

Leseabend bei Tieck in Dresden. Zeichnung von Ludwig Pietsch

che für das reservierte Verhalten der Opernhäuser diesem kompositorischen Meisterwerk Webers gegenüber. Dabei weist die Partitur harmonische Kühnheiten (Chromatik) auf, die erst Wagner wieder aufgriff. Überhaupt belegt die *Euryanthe* die Verwandtschaft zu Wagner am deutlich-
sten. Dem «guten» Paar Graf Adolar und Euryanthe ist zum erstenmal in
der Operngeschichte ein «böses» Paar, Graf Lysiart und Eglantine, gegenübergestellt. Es fällt nicht schwer, die Beziehung – auch inhaltlicher
Art – zum «Lohengrin» herzustellen. Dort haben wir eine ähnliche Kon-
stellation mit Lohengrin/Elsa und Telramund/Ortrud. Auch der formale
Aufbau enthält Übereinstimmungen. Besonders der Beginn des zweiten
Aktes der *Euryanthe* mit seiner nächtlichen Atmosphäre und dem Intri-
gantenpaar Lysiart und Eglantine (Racheduett!) erinnert an «Lohengrin». Ein musikalischer Vergleich läßt nur den einen Schluß zu, daß

*Richard Wagner. Lithographie von Hanfstaengl nach
einem Gemälde von Clementine Stocker-Escher, 1853*

Helmina de Chézy.
Anonyme Zeichnung

Wagner Webers *Euryanthe* genau studiert und analysiert haben muß. Die orchestralen Mittel und die musikalische Deutung dieser Szenen sind einige überzeugende Beispiele für die These, daß Wagners Ideen vom Gesamtkunstwerk durch Webers Opern, besonders mit *Euryanthe*, vorbereitet worden sind.

Ein weiteres Beispiel für das psychologisierende Element in Webers (und später Wagners) Partitur ist der Hochzeitsmarsch für Lysiart und Eglantine. Die Feier für das «böse» Paar wird gleichsam gestört durch die chromatischen Modulationen, die keine festliche Atmosphäre aufkommen lassen, sondern innere Unruhe signalisieren. Ob *Euryanthe* jemals wieder die Bühnen erobern wird, muß angesichts der eingefahrenen Spielplangestaltung unserer Opernhäuser ernstlich bezweifelt werden. Bevor aber die Opern Schrekers, Kienzls und Siegfried Wagners eine Renaissance erleben, hätte es gerade die *Euryanthe* verdient, durch eine szenische Aufführung rehabilitiert zu werden. Mögen uns auch die textlichen Ungeschicklichkeiten heute zum Teil lächerlich vorkommen (Wagners Musikdramen sind ebenfalls keine Lesedramen), nicht vergessen werden darf, daß dieser Text und kein anderer Weber zu seiner reifsten Schöpfung inspiriert hat. Schon zu Lebzeiten Webers wurde an dem Buch und an der Musik herumgestrichen. Auch 1954 versuchte man für eine Stuttgarter Aufführung durch Umstellungen, Kürzungen und Neukomposition des Schlußchores die Oper spielbar zu machen. Das Ergebnis war weit unbefriedigender als die Urfassung.

Szenenbild aus «Euryanthe»

In Wien fand am 25. Oktober 1823 die Uraufführung der *Euryanthe* statt.

An Caroline:

Wien, den 25. October (1823), Nachts ³/₄ 2 Uhr.
Danke Gott mit mir, mein geliebtes Leben, über den glänzenden Erfolg der «Euryanthe». Müde und ermattet von allen Ehrenbezeugungen, auch nachher in Gesellschaft, muß ich doch meiner geliebten Lina noch gute Nacht und Victoria zurufen. Nach jedem Act wurde ich herausgerufen, nach dem letzten zwei Mal. Der Jäger-Chor drei Mal gesungen usw. Morgen früh den näheren Bericht

Deines todtmüden Carl[107]

Den 26ten früh
. . . Mein geliebtes Weib, so Etwas kann man nicht beschreiben, – Ich führte die beiden Weiber mit heraus, da ich der Anderen nicht gleich habhaft werden konnte, darauf riefen sie mich wieder allein heraus. Dann den Fortinach. Alles schwamm in Seligkeit. Die Sänger, Chöre, Orchester, Alles wurde wonnetrunken und erstickte mich fast mit Liebkosungen. Von da fuhr ich in die «Ludlam», wo 27 Dichter und Künstler versammelt waren. Das Zimmer festlich erleuchtet, mit Guirlanden geschmückt, mein

Bild in der Mitte, mit einem Lorbeerkranze. Die vielfältigen Beweise von Liebe und Verehrung waren rührend und schön. So schloß mein Tag, der mir ewig merkwürdig bleiben wird, und hoffentlich auch in der Kunstgeschichte unserer Zeit seinen Platz einnehmen wird. Danke Gott mit mir für die überschwengliche Huld, womit er mich vor Tausenden überschüttet . . .[108]

Einiges über Webers Arbeitsweise erfahren wir während der Komposition der *Euryanthe*:

«Auf einsamen Spaziergängen in Hosterwitz, und später im Jahr in Dresden, konnte man Weber auf der Terrasse oder im Großen Garten, zu Stunden, wo diese freundlichen Promenaden von der eleganten Welt Dresdens nicht besucht waren, begegnen, wie er oft kleine, beschriebene Blätter aus der Tasche zog, stillstehend las und dann, wie im leisen Selbstgespräche, weiter schritt. Er lernte den von ihm selbst abgeschriebenen Text der *Euryanthe* auswendig, bis zur höchsten Geläufigkeit, bis er seinem Geiste innewohnte, wie ein eigenes Produkt, als habe er diese Worte selbst erfunden.

Das erste Niederschreiben von Ideen pflegte er früh Morgens nach einem höchst frugalen Frühstücke, an seinem Pulte stehend, zu besorgen, während er der Arbeit des Instrumentierens und Ergänzens der verbindenden Elemente die Abendstunden widmete. Meist skizzierte er bei der

Bühnenbild-Entwurf zu «Euryanthe» von Angelo I. Quaglio

ersten Niederschrift nur die Singstimmen vollständig, – zuweilen ohne Baß – und deutete nur hie und da eine Harmoniefolge, oder den Eintritt von Blasinstrumenten, oft in der fragmentarischsten Form, an, ja zuweilen gab er selbst, nur durch ihm bekannte Zeichen, die wunderbaren, für ihn so charakteristischen Orchestereffekte an. Ein einmal gereiftes Musikstück stereotypirte sich in seinem Geiste gleichsam in unvertilgbaren Zügen, so daß die Instrumentation, so zu sagen, zur Kopistenarbeit für ihn wurde, und aus diesen so überaus unvollkommenen Skizzen, ohne irgendwelche Zwischenarbeit, die fehlerlosen Partituren, von den Flötenstimmen bis zum Baß vollständig, mit allen Zeichen, Pausen, Pianos, Fortes, wie in Kupfer gestochen, sauber geschrieben, entstehen und perlig aus seiner Feder hervorrollen konnten.»[109]

Während der Proben in Wien hatte am 5. Oktober eine denkwürdige Begegnung zwischen Beethoven und Weber in Baden stattgefunden, die Julius Benedict, ein Schüler Webers, beschreibt: «Alles war in der entsetzlichsten Unordnung – Noten, Geld, Kleider lagen auf dem Fußboden, das Bett war ungemacht, zerbrochene Kaffeetassen standen auf dem Tisch, das offene Pianoforte, indem kaum eine Saite mehr ganz war, dick verstaubt, und er selbst in einen alten schäbigen Morgenrock gehüllt. So muß Lear oder die ossianischen Barden ausgesehen haben. Das Haar dick, grau, in die Höhe stehend, hie und da ganz weiß, Stirne und Schädel wunderbar breit gewölbt und hoch, wie ein Tempel, die Nase viereckig, wie die eines Löwen, der Mund edel geformt und weich, das Kinn breit, mit jenen wunderbaren Muschelfalten, die alle seine Porträts zeigen, und aus zwei Kinnbackenknochen gebildet, die dafür geschaffen schienen, die härtesten Nüsse knacken zu können. Ueber das breite, blatternarbige Gesicht war dunkle Röthe verbreitet, unter den finster zusammengezogenen, buschigen Brauen blickten kleine, leuchtende Augen mild auf die Eintretenden, die cyklopisch viereckige Gestalt, welche die Weber's nur wenig überragte, war in einen schäbigen, an den Ärmeln zerrissenen Hausrock gekleidet.»[110]

«Beethoven erkannte Weber, ehe er ihm genannt war, schloß ihn in die Arme und rief: ‹Da bist du ja, du Kerl, du bist ein Teufelskerl! Grüß dich Gott!› und nun reichte er ihm gleich jene berühmte Schreibtafel und es entspann sich ein Gespräch, während dessen Beethoven zunächst die Musikalien vom Sopha warf und dann sich ungenirt in Gegenwart seiner Gäste zum Ausgehen ankleidete.

Beethoven klagte bitter über seine Lage; schimpfte auf die Theater-Verwaltung, die Concertunternehmer, das Publikum, die Italiener, den Geschmack, besonders aber über die Undankbarkeit seines Neffen. Weber, der sehr bewegt war, rieth ihm, sich diesen widerlichen, entmuthigenden Verhältnissen zu entreißen und eine Kunstreise durch Deutschland zu machen, wo er sehen werde, was die Welt von ihm halte. – ‹Zu spät!› rief Beethoven, machte die Pantomime des Clavierspielens und schüttelte den Kopf. ‹So gehen Sie nach England, das Sie bewundert›, schrie Weber. ‹Zu spät!› schrie Beethoven, nahm Weber demonstrirend unter die Arme und zog ihn mit nach dem Sauerhof, wo er speiste.

Beethoven. Zeichnung von August von Klöber, 1818

Wir brachten den Mittag mit einander zu, sehr fröhlich und vergnügt. Dieser rauhe, zurückstoßende Mensch machte mir ordentlich die Cour, bediente mich bei Tische mit einer Sorgfalt wie seine Dame. Kurz, dieser Tag wird mir immer denkwürdig bleiben, so wie allen, die dabei waren. Es gewährte mir eine eigne Erhebung, mich von diesem großen Geiste mit so liebevoller Achtung überschüttet zu sehen.

Beethoven lenkte das Gespräch auf *Euryanthe*, was Weber indeß ablehnte. Da fragte Beethoven Haslinger über den Tisch: ‹Wie ist das Buch?› und während Weber aufschrieb: ‹Ganz erträglich! voll schöner Stellen›, hatte Beethoven Haslinger's Kopfschütteln gesehen, lachte laut auf und rief: ‹Immer die alte Geschichte! die deutschen Dichter können keinen guten Text zusammenbringen!› ‹Und Fidelio?› schrie Weber. ‹Das

ist ein französisches Original›, sagte Beethoven, ‹in's Italienische und dann erst in's Deutsche übersetzt.› ‹Und welche Texte halten Sie für die besten?› frug Weber. ‹Vestalin und Wasserträger!› rief Beethoven ohne Besinnen.

– Beim Abschiede umarmte und küßte Beethoven Weber mehrere Male, behielt lange seine schmale Hand in seiner Faust und rief: ‹Glück auf zur neuen Oper! Wenn ich kann, komme ich zur ersten Aufführung!›»[111]

Von Berlin kam eine Anfrage nach der *Euryanthe*: Webers Gönner, Graf Brühl, wollte die neue Oper Webers unbedingt in Berlin durchsetzen. Obwohl er nicht mehr allein entscheidungsberechtigt war, gab er Weber die entsprechenden Zusagen, sogar mit Honorarangaben.

Inzwischen hatte Dresden die Oper am 31. März 1824 herausgebracht. Das Ensemble, allen voran Wilhelmine Schröder-Devrient als Euryanthe, setzte sich mit unglaublichem Eifer für die neue Oper ein. Kleine Differenzen mit Weber waren vergessen. In der Praxis des Theaters ist häufig festzustellen, daß bei neuen Werken, die zudem noch einen großen

Schwierigkeitsgrad besitzen, das Ensemble zu einer verschworenen Mannschaft zusammenwächst. So war es auch bei dieser Dresdner Einstudierung.

An Lichtenstein:

Dresden, 1. April 1824.
. . . Gestern Abend war nun «Euryanthe», und welch über alle Beschreibung glänzenden Triumph habe ich erlebt. So ergriffen, so enthusiasmirt habe ich unser Publikum noch nie gesehen. Mit jedem Akt stieg die Begeisterung. Am Schlusse wurde ich erst mit wahrem Sturme gerufen, dann Alle. Es war aber auch eine vortreffliche Vorstellung. Besonders die Devrient als Euryanthe und die Funk als Eglantine übertrafen sich selbst, in Spiel und Gesang. Mayer als Lysiart und Bergmann sehr brav. Die Chöre ganz ausgezeichnet. Die Kapelle mit einer Vollendung der Nüancierung, wie man sie nur bei uns hören kann.

Tieck unter anderm sollte nach der Oper in Gesellschaft gehen, erklärte aber, daß sein Gemüt zu sehr erfüllt sei und sagte (zu Andern natürlich): Es seien Sachen in dieser Oper, um die mich Gluck und Mozart beneiden müßten. Ich weiß lieber Bruder, daß ich dir so etwas wieder erzählen kann, ohne mißverstanden zu werden, zu Niemand sonst in der Welt würde ich es wagen. Ich werde alle Augenblicke von Glückwünschen gestört, du wirst daher schon mit diesem Geschreibsel vorlieb nehmen müssen . . .[112]

Am 23. Dezember 1825 konnte endlich die Berliner Aufführung der *Euryanthe* stattfinden. Weber dirigierte selbst und meldete Caroline einen überwältigenden Erfolg: *Nach der Oper wurde ich mit Sturmestoben gerufen, dann Alle, und da sie nicht gleich kamen jeder Einzelne, die Seidler, Schulz, Bader und Blume. Es war kein Partheygeist-Enthusiasmus, sondern man sah, daß es aus der Sache hervorging, wenn schon die Leute aus dem Theater sich um einen drängen und Hände küssen, dann ist man gewiß die Wirkung allgemein.*[113]

Die neue Oper

Nachdem er die zweite Vorstellung der *Euryanthe* in Berlin dirigiert hatte, verließ Weber am 29. Dezember 1825 die Stadt mit dem Versprechen Brühls, daß der *Oberon* im Sommer des nächsten Jahres in Berlin als deutsche Erstaufführung gegeben werde. Weber hat die unerfreulichen Auseinandersetzungen um die Berliner *Oberon*-Aufführung nicht mehr erlebt.

In Dresden setzte er die unterbrochene Arbeit am *Oberon* fort. In seinem 1881 erschienenen Buch «Carl Maria von Weber» beschreibt Webers Schüler Julius Benedict die erste Begegnung mit seinem Lehrer im Frühjahr 1821:

«Nie werde ich den Eindruck vergessen, den die erste Begegnung mit Weber mir machte. Ich stieg die alles andere als bequeme Treppe seines bescheidenen Hauses am Altmarkt hinauf und fand ihn an einem Tisch sitzend, mit dem Klavierauszug zum *Freischütz* beschäftigt. Die tödliche Krankheit, die ihn dahinraffen sollte, hatte schon seine edlen Züge gezeichnet; die vortretenden Backenknochen, und überhaupt die gänzliche Abmagerung sprachen eine beredte Sprache. Aber in seinen klaren blauen Augen, die nur zu oft von ein paar widerspenstigen Locken verdeckt wurden, in dem milden Ausdruck seines Mundes und besonders im Ton seiner schwachen aber melodischen Stimme lag ein Zauber, der alle unwiderstehlich anzog, die ihm nahekamen.» [114]

Webers Krankheit, die Tuberkulose, zeigte schon 1812 erste Anzeichen. Er nannte die Schmerzen in der Brust oft *meinen Rheumatismus.* Dazu kam ein Hüftleiden von Geburt an.

In seinem Tagebuch hat Weber das Stadium seiner Krankheit in Stichworten festgehalten. Die Worte *sehr schwach, sehr krank* oder *sehr erschöpft* finden sich besonders in den Jahren 1817, 1819 und 1822. In den letzten zwei Jahren seines Lebens nehmen die Tagebucheintragungen, die tödliche Krankheit betreffend, immer mehr zu. Nach der Vollendung der *Euryanthe* bis zum Beginn der Komposition des *Oberon* schrieb Weber nur ein einziges Lied.

«Er schien in diesen wenigen Wochen um zehn Jahre gealtert zu sein; seine frühere Geisteskraft, sein Selbstvertrauen, seine Liebe zur Kunst – alles hatte ihn verlassen. Die eingesunkenen Augen, die allgemeine Apathie, und ein trockener, hektischer Husten verrieten deutlich den gefährlichen Zustand seiner Gesundheit. Er oblag seinen Dienstverpflichtungen wie zuvor mit gewissenhaftester Pünktlichkeit, aber seine schöpferischen Kräfte waren zu einem völligen Stillstand gekommen.»[115]

Auch eine Kur in Marienbad im Juli 1824 verringerte die immer häufiger und stärker auftretenden Schmerzen nicht.

Als Weber wieder in Dresden war, überraschte ihn ein Brief des Direktors von Covent Garden aus London, Charles Kemble, der ihn bat, für sein Opernhaus eine Oper zu komponieren. Gleichzeitig enthielt das Schreiben eine Einladung, nach London zu kommen, um dort den *Freischütz*, *Preziosa* und die neue Oper zu dirigieren.

Auch Paris meldete sich mit ähnlichen Angeboten.

Weber wußte auf Grund eines vertraulichen Gesprächs mit seinem Arzt Dr. Hedenus, daß er noch sechs Jahre zu leben hätte, wenn er sich so oft wie möglich im italienischen Klima aufhalten würde. London aber bedeute für ihn den sicheren Tod. Weber erwiderte, daß seine Familie nicht existieren könne, wenn er Urlaub in Italien machen und London absagen würde. Am 21. August 1824 schickte Weber an Kemble die Zusage.

An Lichtenstein:

Mit meiner englischen Angelegenheit steht es wunderlich. Den 5ten October habe ich den letzten Brief von Kemble erhalten, wo er mir Faust oder Oberon zur Compos. vorschlug, und sich begnügte, mich die drei Monate der Season, May, Juny und July in London zu haben. Hierauf antwortete ich ihm den 7. Oct. und wählte den Oberon. Seitdem habe ich

*Charles Kemble.
Stich von
T. Lupton nach
G. H. Harlow*

Weber. Lithographie von R. J. Lane nach John Cawse

keine Zeile erhalten. Daß es nun unmöglich ist noch eine Oper zu componi-
ren bis Ende März, ist klar. vielleicht gehe ich aber blos zur Direction des
Freyschüzzen und der Preciosa hin.

*Diese Ungewißheit wirkt ziemlich verstimmend auf mich ein. Dazu
kömmt mein abermals überhäufter Dienst, wegen Morlachi's fortdauernder Krankheit, ein gewaltiger Trübsinn meiner Frau in ihrem jetzigen
Zustande, und eigenes Unwohlsein, so daß ich einen recht trüben Winter*

verlebe und keine Aussicht zum Besserwerden vorhanden ist. auch alles geht mir seit einiger Zeit widrig, sogar manche Geldangelegenheit mit bösen Schulden, pp. – So ist nun 1 ¾ Jahr verflossen, ohne daß ich eine Note geschrieben hätte, und ohne doch diese Zeit zur Erholung verwendet zu haben . . .

Fare well für heute, Gott erhalte Euch Alle gesund, und behalte lieb
Deinen ewig treuen Weber.

Dresden, d. 9ten Dec. 1824[116]

Am 30. Dezember erhielt Weber den ersten Akt des *Oberon*, der ihm sehr gefällt, denn *die Verse sind musikalisch und fließend. Der Dichter heißt Planché. Was hilft mir aber ein Akt, da man mir nicht einmal den Plan des Ganzen mitgeschickt hat.* Weber schreibt an Kemble mit der Bitte, das Projekt um ein Jahr zu verschieben, da er schon ausgerechnet habe, daß er den Abgabetermin auf keinen Fall werde einhalten können.

Wie damals in Prag, als Weber eine neue Sprache, das Tschechische, in

Sir George Smart. Gemälde von William Bradley

wenigen Wochen lernte, nahm er jetzt Englisch-Unterricht. Und als er sich in der neugelernten Sprache ausdrücken konnte, schrieb er einen englischen Brief an Kemble mit Honorarforderungen für den *Oberon* und seine Gastspiele in London, denn Kembles Angebot war ihm zu niedrig. Weber verlangte eine Gesamtsumme von ca. 2400 Pfund Sterling für seine viermonatige Tätigkeit in London.

Am 3. Juli 1825 reiste Weber über Weimar, Gotha, Frankfurt und Wiesbaden zu einem Kuraufenthalt nach Bad Ems. Auf den Stationen dieser Reise traf Weber alte Freunde wieder, die er zum letztenmal sehen sollte. In Ems besuchten ihn Kemble und der Leiter der Königlichen Kapelle in London, Sir George Smart, um Termin und finanzielle Absprachen zu treffen. Über Webers Honorar wurde man sich nicht einig. Später stellte sich heraus, daß Weber die Londoner Gastspielreise und den Opernauftrag für ein Drittel der ursprünglich geforderten Summe durchgeführt hatte.

Die Kur in Ems hatte keine Besserung des Leidens gebracht. Aber Weber komponierte eifrig an seiner neuen Oper – neben seiner Dresdner Kapellmeistertätigkeit. Am 3. Dezember schrieb er seinem Textdichter Planché, daß die ersten beiden Akte fertig seien. Zwei Tage später reiste er, obwohl schwer von seiner Krankheit gezeichnet, nach Berlin, um die Proben zu *Euryanthe* zu leiten. In Berlin komponierte er Brühl zuliebe

Max Maria von Weber. Zeichnung seines Bruders Alexander, 1844

Caroline von Weber.
Zeichnung von Alexander von Weber

einen Pas de cinq für die Nr. 21 (das «Maienlied» Berthas). Die erfolgreiche Premiere fand am 23. Dezember statt.

In Berlin traf Weber den Dichter Holtei, der sich nach dem Befinden des kranken Komponisten erkundigte. *Wie mir's geht?* soll Weber zurückgefragt haben. *Nun, sehr gut; nur, daß ich die Halsschwindsucht habe. Aber das macht weiter nichts, mein teuerster Gönner!*[117] Im Januar 1826 komponierte Weber den dritten Akt des *Oberon*. Seine Reise nach London stand bevor. Weber ahnte mit einiger Gewißheit, daß er in London sterben werde. Seinem Freund Gubitz hat er das gestanden mit dem Zusatz: *Ich erwerbe in England ein gutes Stück Geld, das bin ich meiner Familie schuldig.*[118] Aus dieser Sorge um die Zukunft seiner Familie ist auch die folgende Veröffentlichung zu verstehen, denn ein gesetzlich geschütztes Urheberrecht gab es noch nicht. Erst viel später hat ein Komponist es durchgesetzt: Richard Strauss.

Rundschreiben an sämtliche Bühnen

Da, außer in Frankreich und England, das geistige Eigentum noch auf keine Weise gänzlich vor räuberischen Anfällen gesichert ist, diebische Kopisten und gewissenlose Musikhändler aber, wie zum Beispiel Zulehner in Mainz, selbst Bühnen vom ersten Range durch ihr Zudrängen verleitet haben, sich meine Werke auf unrechtmäßigem Wege zu verschaffen, so sehe ich mich genötigt, die Maßregel zu ergreifen, Sie mit Gegenwärtigkeiten zu belästigen, indem ich mir die Ehre gebe, Ihnen anzuzeigen, daß die von mir zunächst für London (englisch) komponierte Oper «Oberon», durch eine treffliche deutsche Bearbeitung des Herrn Hofrat Winkler (Theodor Hell) zur Aufführung in Deutschland vorbereitet, nur unmittelbar von mir selbst auf rechtmäßige Weise erhalten werden könne. Ich ersuche ergebenst, mir nur mit zwei Worten den Empfang dieser Anzeige gefälligst zu bestätigen und sich durch diese keineswegs zum Ankauf des Werkes aufgefordert zu glauben, da die eigentümlichen Verhältnisse jeder Bühne allein ihr Repertoire bestimmen können.

Zugleich werde ich diese Anzeige nebst dem Verzeichnis der geehrten Bühnendirektionen, denen sie zugesendet worden, in den gelesensten Zeitschriften zur Kenntnis des Publikums und Warnung der Unterschleifhändler öffentlich bekanntmachen.

Der ich die Ehre habe mit Achtung zu sein
Dresden, im Januar 1826   *C. M. von Weber.*[119]

Am 16. Februar 1826 reist Weber in aller Frühe ab; seine beiden Söhne Max Maria und Alexander Victor Maria schlafen noch. Caroline kann den Abschiedsschmerz kaum ertragen. Daß Weber in Begleitung eines Freundes, des jungen Flötisten Anton Fürstenau reist, ist für sie nur ein kleiner Trost, denn sie weiß, daß dieser Abschied zu einem endgültigen werden kann.

«Oberon»

James Robinson Planché war 28 Jahre alt, als er 1824 damit begann, für Weber ein Libretto zu verfassen – das Buch zu Webers letzter Oper, dem *Oberon*. Planché stammte aus einer Hugenottenfamilie, er hat Theaterstücke geschrieben und eine «History of British Costume» herausgegeben. 1823 trat er auch als Kostümbildner an Covent Garden hervor. Planché war ein versierter Theatermann und seine Bearbeitung des Wielandschen Epos *Oberon* zeugt von dramaturgischer Erfahrung und Sinn für Bühnenwirksamkeit. Christoph Martin Wieland gibt in dem Vorwort zu «Oberon, Gedicht in 12 Gesängen», Hinweise auf die Quellen seiner Dichtung:

«Die Romanzen und Ritterbücher, womit Spanien und Frankreich im 12., 13. und 14. Jahrhundert ganz Europa so reichlich versehen haben, sind, so wie die fabelhafte Götter- und Heldengeschichte der Morgenländer und der Griechen, eine Fundgrube von poetischem Stoff, welche . . . noch lange für unerschöpflich angesehen werden kann.

Ein großer Teil der Materialien zu gegenwärtigem Gedicht, besonders dessen, was man in der Kunstsprache die Fabel nennt, ist aus dem Ritterbuche von Huon de Bordeaux genommen, welches durch einen der Bibliotheque Universelle des Romans einverleibten freien Auszug, aus der Feder des verstorbenen Grafen von Tressan, allgemein bekannt ist.

Aber der Oberon, der in diesem alten Ritterroman die Rolle des Deus ex Machina spielt, und der Oberon, der dem gegenwärtigen Gedichte seinen Namen gegeben, sind zwei sehr verschiedene Wesen. Jener ist eine seltsame Art von Spuk, ein Mittelding zwischen Mensch und Kobold, der Sohn Julius Cäsars und einer Fee, der durch eine sonderbare Bezauberung in einen Zwerg verwandelt worden ist; der meinige ist mit dem Oberon, welcher in Chaucers Merchants-tale und Shakespeares Midsummer-Nights-Dream als ein Feen- oder Elfenkönig erscheint, eine und dieselbe Person; und die Art, wie die Geschichte seines Zwistes mit seiner Gemahlin Titania in die Geschichte Hüons und Rezias eingewebt worden, scheint mir (mit Erlaubnis der Kunstrichter) die eigentümlichste Schönheit des Plans und der Komposition dieses Gedichtes zu sein.»[120]

Weber bekam das Textbuch nur aktweise, er konnte sich also keinen Gesamteindruck von der Konzeption Planchés verschaffen. Resignierend schreibt er: *Mein werter Herr, was würden wir erst hervorbringen, wenn wir in einer Stadt lebten . . .![121]*

*J. R. Planché.
Gemälde von
H. P. Briggs*

Wenn es nach dem routinierten Textdichter gegangen wäre, so hätte Weber die Musik zu einer *Oberon*-Revue komponieren müssen, denn was Planché an Weber schickte, konnte allenfalls ein «Schauspiel mit Gesangseinlagen» genannt werden. Weber ließ nicht ab, Änderungen zu fordern, die ihm Möglichkeiten für Arien, Duette und Ensembles gaben. Vor allem wirkte der Komponist auf die dramatische Skizzierung der Hauptpersonen ein. Weber ging dabei sehr diplomatisch vor; er korrigierte unerbittlich und konsequent, aber er lobte auch. Nachdem er den dritten Akt Anfang Februar 1825 erhalten hatte, schrieb er am 19. des Monats nach London:

Mein lieber Herr, ich habe am 18. Januar den zweiten Akt von Oberon erhalten, den dritten Akt sowie Ihren liebenswürdigen Brief an ein und demselben Tag, dem 1. Februar. Ich begrüße das Ganze mit Liebe und will mich bemühen, nicht hinter Ihnen zurückzubleiben. Dieser Anerkennung Ihres Werkes können Sie um so mehr Vertrauen schenken, als ich wiederhole, daß der Zuschnitt des Ganzen all meinen Vorstellungen und Maximen durchaus fremd ist. Die Hineinnahme so vieler Hauptdarsteller, die nicht singen, das Auslassen von Musik an den wichtigsten Momenten – all diese Dinge berauben unseren Oberon des Titels einer Oper und werden ihn für alle anderen europäischen Theater ungeeignet machen, was eine sehr schlechte Sache für mich ist.[122]

Wieland.
Gemälde von
Jagemann,
1806

Im Dezember hat Weber die ersten beiden Akte der Oper komponiert. An Planché schreibt er von kleinen Änderungen, die er ihm verzeihen möge, und daß er die Oper wohl erst in England fertig schreiben werde. Für einen heutigen Theaterbetrieb ist es unvorstellbar, daß zum Beispiel die *Oberon*-Ouvertüre erst drei Tage vor der Uraufführung vollendet war; es mußten dann noch die Orchesterstimmen kopiert werden. Das Orchester hatte also in zwei Tagen die Ouvertüre einzustudieren. Ähnlich ging es den Sängern: einige bekamen ihre vollständige Partie erst sehr spät, als die Proben schon weit fortgeschritten waren. – Waren Betrieb und Künstler damals theaterbesessener oder leistungsfähiger . . .?

Mit dem *Oberon* kehrt Weber, nach der durchkomponierten musikdramatischen Form der *Euryanthe*, wieder zur Nummernoper mit gesprochenen Dialogen zurück.

Dem dramaturgischen Aufbau folgt Webers Tonsprache: die verschiedenen Handlungsorte der Oper sind musikalisch differenziert geschildert. Folkloristische, orientalische Elemente wechseln mit Klangkombinationen, die das Geister- und Feenreich charakterisieren, die «ritterlichen» Motive der mittelalterlichen Hofgesellschaft bilden hierzu einen reizvollen Kontrast. Brüche im Libretto werden von Weber musikalisch durch das Leitmotiv zusammengehalten, das im *Oberon* stilbildend auftritt. Die Vielfalt der dramatischen Eindrücke spiegelt sich in der Musik, die leitmotivisch durchzogene Partitur gibt ihnen den nötigen inneren Halt. Szenische Verwandlungen werden von Weber musikalisch umgesetzt; in der großartigen, an Brünnhilde gemahnenden Arie der Rezia: «Ozean, du Ungeheuer» ist nicht nur der Sturm und das tobende Meer hörbar komponiert, sondern auch die visuellen Veränderungen, wenn der Sturm sich legt und die Sonne untergeht. In der Arie der Rezia finden sich mehrere Abschnitte, die ohne Zweifel Wagner vorbereiten; der Beginn der Arie erinnert an den «Fliegenden Holländer», eine markante Stelle nimmt das «Schwertmotiv» im «Ring des Nibelungen» vorweg und Brünnhildes Erwachen in «Siegfried» entspricht Rezias Worten «Und jetzt die Sonn erstrahlt!».

Die Funktion der Musik im *Oberon* ist keine begleitende, sie ist eine eigenständige Kraft, aus der Szene und Gesang hervortreten: die *Oberon*-Musik löst die Handlung gewissermaßen erst aus. Die meisterhafte Instrumentation, besonders die Behandlung der Holzbläser, aber auch Kombinationen von tiefen Streichern und Klarinetten zum Beispiel, zeigen Weber auf neuen Wegen, die zur Orchestertechnik von Berlioz, Wagner, Mahler bis hin zu Debussy und Strawinsky führen, so extrem «Weberfern» diese Behauptung auch auf Anhieb scheinen mag.

Um den *Oberon* für die Bühne lebendig zu erhalten, hat die Oper mehrere Bearbeitungen erfahren, unter denen die Kölner Fassung (1913) von Gustav Mahler eine akzeptable Lösung darstellt. Daß sich Mahler aus seiner Kenntnis und Verehrung des Weberschen Œuvres an eine *Oberon*-Bearbeitung wagte, ist um so verständlicher. War er es doch, der eine fast vergessene und fragmentarische Weber-Partitur vervollständigte und ihr damit zu neuem Leben verhalf.

«Die drei Pintos»

Mit den Pintos ist es ein eigen Ding, auf jeden Fall suche ich sie diesen Winter zu beendigen. Ich habe sie aber zunächst meinem Herrn versprochen, der es, so viel ich merke, allerdings nicht ganz gut aufnimmt, daß ich so immer für fremde Bühnen zuerst arbeite. Die Oper muß also zuerst hier gegeben werden, und wir können sie nicht besetzen – so wie sie überhaupt wegen der Männerpartien schwer zu besetzen ist.[123]

Dieser Brief von Weber an seinen Freund Lichtenstein ist datiert vom 23. Dezember 1824, eine Woche bevor Weber den Text des ersten Akts des *Oberon* aus London zugeschickt bekam.

Die Idee zu einer Oper nach der Novelle «Der Brautkampf»[124] von Seidel hatte Weber 1819. Theodor Hell schrieb das Libretto, eine Verwechslungsgeschichte mit einem richtigen und zwei falschen Don Pintos. Daß nach turbulenten Situationen zum Schluß niemand unbeweibt bleibt, wirkt etwas konstruiert. Webers Schüler Benedict beklagt, daß er die Bruchstücke der Oper leider nicht zur Vervollständigung bekommen habe, denn er hätte die Oper zu Ende schreiben können, da er Webers Pläne und Skizzen kannte. Spekulation scheint die Behauptung, jemand habe die vollendete Partitur gestohlen, da Weber Lichtenstein gegenüber erklärt habe, die Oper sei fertig. Jedenfalls hat sich außer sieben komponierten Nummern keine andere Partitur angefunden. Nach Webers Tod meldeten sich Komponisten, die das Werk rekonstruieren bzw. aus anderen Teilen Weberscher Musik zusammenstellen wollten. Nachdem Meyerbeer mit den Kompositionsskizzen zwanzig Jahre lang nichts hatte anfangen können, gab er sie an die Familie Weber zurück. Der Enkel des Komponisten, Hauptmann Carl von Weber, übergab sie in Leipzig 1886 einem jungen Kapellmeister, der bei Arthur Nikisch assistierte und der sich als Weber-Bewunderer vorgestellt hatte: Gustav Mahler. Mahler befaßte sich nicht nur mit der Partitur, die ihm Carl von Weber gegeben hatte, sondern auch mit dessen Frau. Dieses Verhältnis entwickelte sich so innig, daß Marion von Weber daran dachte, mit dem jungen Mahler durchzubrennen. Daraus wurde schließlich aber doch nichts.

Mahler schuf aus Chören, Liedern und Skizzen Webers eine vollständige Partitur, indem er nicht nur zusammenstellte und Übergänge, sondern auch einzelne Nummern im Geiste Webers komponierte. Seit kurzem gibt es von dieser interessanten Rekonstruktion und Neufassung eine Schallplattenaufnahme.

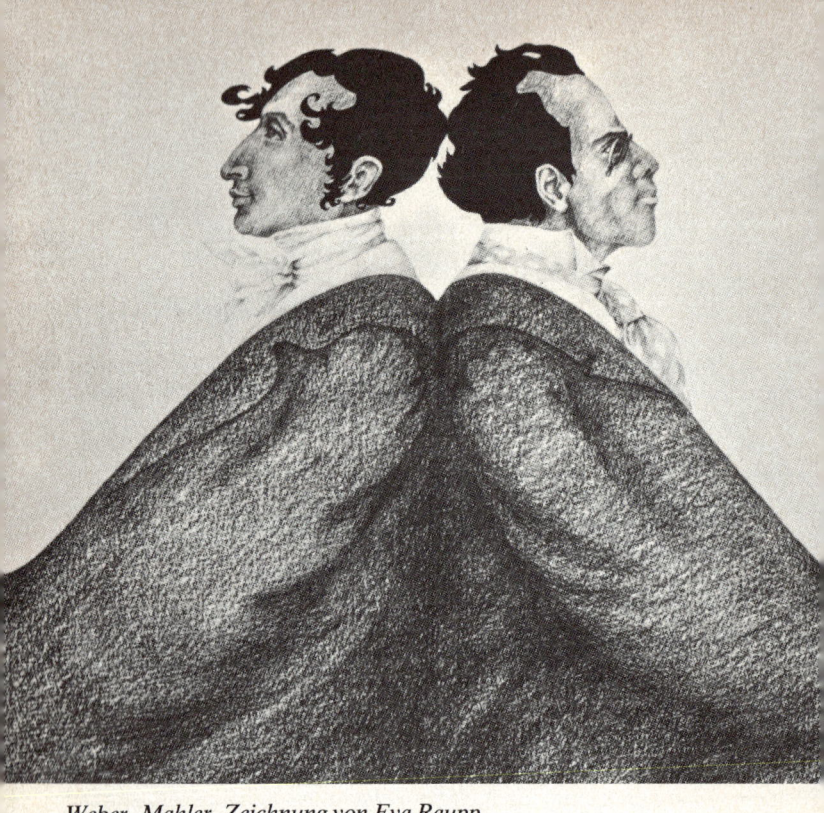

Weber–Mahler. Zeichnung von Eva Raupp

Der dreiundzwanzigjährige Richard Strauss[125] war von Mahlers «Restaurierung» begeistert und schrieb eine Empfehlung an den Dirigenten Hans von Bülow. Nachdem aber im März 1888 Bülow geantwortet hatte, daß Mahlers Arbeit von Fehlern strotze, das Ganze «ein infamer, antiquierter Schmarrn» sei, und er schließlich das Urteilsvermögen von Strauss anzweifelte, beeilte sich der karrierewütige junge Strauss zu versichern, daß er sein Urteil revidieren müsse: «. . . begreife völlig Ihr Entsetzen . . . war voreilig von mir . . . Mahler hat furchtbare Dummheiten gemacht . . . bedaure, hochverehrter Meister, daß Sie das Opfer jugendlicher Voreiligkeit geworden sind.»

Die Erstaufführung der Mahlerschen Fassung der *Drei Pintos* fand am 20. Januar 1888 in Leipzig statt. In Deutschland wurde die Oper zu Beginn dieses Jahrhunderts häufiger gespielt. Mit wieviel Respekt wir Mahlers Arbeit an den *Drei Pintos* auch begegnen – das Bedauern bleibt, daß es Weber nicht vergönnt war, eine große, abendfüllende komische Oper zu komponieren.

Die letzten Monate

Webers Tagebuch vermerkt die Erlebnisse der letzten Monate in Stichworten. Besonders erschütternd ist, die Verwunderung über seine sich verschlimmernde Krankheit aus den kurzen Zeilen zu lesen. Hatte Weber insgeheim doch mit einer Besserung gerechnet? Die Hartnäckigkeit, mit der sich die Zeichen des nahenden Todes vermehrten, muß ihn geängstigt haben; zwischendurch Tage voller Hoffnung und Zuversicht, seine Familie doch noch wiederzusehen.

Februar, 16. Mit Gottes Hilfe abgereist. 25: ¹/₂ 8 in Paris. Hotel de Bruxelles. 26: Visiten bei Cherubini, Catel, Rossini pp. Emma von Auber; sehr gut. 27. Frühstück mit Kalkbrenner. Besuch bei Auber. Olimpia in der Großen Oper. 28. Dame blanche. Sehr schön. Sehr unwohl. Fieber.[126]

In Paris versucht Hector Berlioz am 27. Februar Weber zu treffen. In seinen «Mémoires» schildert er den mißglückten Versuch mit ironischem Charme.

«Wie sehr wünschte ich, ihn zu sehen! Mit welchem Herzklopfen verfolgte ich ihn an jenem Abend, wo er, kurz vor seiner Abreise nach England, und schon leidend, der Wiederaufführung von Olympia beiwohnen wollte. Meine Verfolgung war vergeblich. Am Morgen desselben Tages hatte Lesueur zu mir gesagt: ‹Eben war Weber bei mir! Fünf Minuten früher hätten Sie ihn ganze Szenen unserer französischen Partituren auf dem Klavier spielen hören können; er kennt sie alle.› Einige Stunden darauf trete ich in eine Musikalienhandlung ein: ‹Wenn Sie wüßten, wer eben wohl da saß!› – ‹Wer denn?› – ‹Weber!› Als ich in der Oper ankam, hörte ich die Leute sagen: ‹Soeben ist Weber durch das Foyer gegangen, – er ist in den Saal eingetreten, – er ist in den ersten Ranglogen›. Ich geriet in Verzweiflung, weil ich ihn nicht erreichen konnte. Aber es war alles umsonst; niemand konnte mir ihn zeigen. Im Gegensatz zu den Erscheinungen in Shakespeares Dichtungen blieb er allen Menschen sichtbar, unsichtbar nur einem einzigen. Ich war zu unbekannt, um ihm schreiben zu dürfen, und da ich keine Freunde hatte, die mich ihm hätten vorstellen können, gelang es mir nicht, ihn zu sehen.»[127]

1. März. Besuch von Cherubini. Den ganzen Tag zu Haus; sehr unwohl. Konzert der Pasta. 2. Früh um 5 auf, ¹/₂ 6 abgefahren. 3 10 Uhr in Calais. Krampfanfall. 4. 1 Uhr in Dover. Hotel Birmingham. Diner in Rochester. 5 ¹/₂ bei Smart abgestiegen bei dem Charing Cross. 6. Diner in Covent Garden. 15. Böser Tag mit Krampfhusten.

26. *(Ostern) Arg gehustet. Severin konsultiert. Pillen geschickt zur Beruhigung. Hasenfell auf die Brust. 30. Trüber Tag.*[128]

Nach Dresden schreibt Weber regelmäßig, aber er berichtet wenig von seiner Krankheit, um Caroline nicht zu beunruhigen. Weber bemüht sich auffallend, in seinen Briefen Zufriedenheit und Gelassenheit auszustrahlen:

An Caroline   *London, d. 6. März 1826*

Morgen früh fange ich an zu arbeiten. Heute Morgen habe ich mich erst eingerichtet, gestriegelt und geputzt, und soeben kam dein lieber Brief, welcher mich so unendlich erfreute. Das Alleinsein in England hat gar nichts Aengstliches für mich. Die ganze englische Weise ist meiner Natur sehr verwandt, und mein bischen Englisch, in dem ich reißende Fortschritte mache, ist mir von dem unglaublichsten Nutzen. Auch haben die Engländer ihre große Freude darüber, so wie mich in Frankreich die Franzosen mit Complimenten wegen meines Französischen überhäuften.

Wegen der Oper ängstige dich nicht; ich habe wirklich Zeit und Ruhe hier, denn man ehrt eben meine Zeit. Auch ist der Oberon nicht Oster-Montag, sondern einige Zeit später, welches ich dir schon noch genauer schreiben werde, wenn ich es erst selber weiß. Die Leute sind zu gut mit ihrer ängstlichen Theilnahme; wenn ich es nicht gut auf Reisen habe, so hat es Niemand in der Welt gut. Keinem Könige wird alles so aus Liebe entgegen gebracht, wie mir. Man hätschelt mich auf alle Art, ja, ich kann fast buchstäblich sagen, daß man mich auf den Händen trägt. Ich schone mich sehr und du kannst ganz ruhig sein. Mit meinem Husten ist es ganz eigen.[129]

Der Monat April bringt die Entscheidung: Webers *Oberon* erringt *ungeheuren Beifall.* Aber die Krankheit verschlimmert sich zusehends:

1. April. Arger Krampfhusten. Ins Theater. Um 10 nachhause. Fieber. 3. Wieder etwas Blut ausgeworfen. 4. Betrübter Tag. Nichts tun können. 7. Spazieren. Gehustet. In Moscheles Konzert. Laxiert und gebrochen. Gut geschlafen. 7. Oberon-Ouvertüre vollendet, und damit das ganze Werk. 11. Instrumentiert. Arg gehustet. 12. Krampfhusten. Abends 7 Uhr zum Erstenmal Oberon. Ging sehr gut. Ungeheurer Beifall. Ouvertüre, Romanze Fatime, Ballade, Quartetto da capo. Soli Deo gloria. 13. Sehr unwohl und ermüdet. Oberon zum 2. Male. Sehr gut. Herausgerufen. Ballade da capo. 16. Gearbeitet. Mehr Blut ausgeworfen. Darüber sehr erschrocken. Trüber Tag. Nichts gegessen. Sehr unwohl. 17. Gute Nacht. Schmerz in der Seite. Oberon zum 5. Male dirigiert. 18. Lange Konferenz mit Dr. Kind. Oberon zum 6. Male. 24. Kind brachte die Blausäure. In Gottes Namen, auch das noch. 5 Uhr in Danways Hotel; allein diniert. Suppe, Rindfleisch mit Maccaroni. Oberon zum 11. Male. Gut. Voll. Sehr unwohl. Laxiert. 25. Mittag mit Smart zuhause. Ohne Appetit. Oberon zum 12. und letzten Male. Gut. Voll. 27. Gute Nacht. Um 10 Uhr so unwohl. Solcher Krampf! O Gott! In Hawes Konzert. Euryanthe- und Oberon-Ouvertüre dirigiert. 28. Dämpfe eingeatmet.[130]

Bühnenbild von Grieve zum «Oberon»

Der Bericht eines zeitgenössischen Londoner Musikliebhabers vermittelt einen Eindruck von Webers Zustand aus der Sicht des Publikums:

«Ich hatte ihn beim Dirigieren seiner Musik beobachtet: er legte Herz und Seele in die Musik, er vermittelte Solisten, Orchester und Chor einen Schwung, wie sie ihn nie zuvor erlebt hatten, und bot eine Energie auf, die einen Mann von robuster Gesundheit erledigt hätte . . . Aber auf dem Weg in sein Privatzimmer – zu dem mir Sir George Smart und er selbst liebenswürdigerweise Zutritt gestatteten – als ich sehen konnte, wie er nach Luft rang, von einem trockenen stoßweisen schwindsüchtigen Husten beinahe in Stücke gerissen wurde und in kalten Schweiß gebadet war, da war all meine Begeisterung, die ich eben noch empfunden hatte, dahin. Wie dankbar reagierte er mit einem müden Lächeln auf jeden kleinsten Versuch, ihm die grauenhafte Agonie des Erstickens zu lindern, gegen die er mit der ganzen Entschlossenheit seines energischen Wesens ankämpfte. Wie bemühte er sich mit der Wohlerzogenheit des vollkommenen gentlemans, unterschiedslos mit allen Anwesenden die Konversation aufrechtzuerhalten, ohne sich anmerken zu lassen, welche Qual sie ihm mit ihrem Gedränge um ihn herum bereiteten. Und wie erschöpft sank er in seinem Wagen zurück und seufzte, als ob er seinen Geist aufgeben wolle, als er die Menschen endlich los war.»[131]

Im Mai nehmen die Angstzustände Webers zu. Er will nach Hause, noch einmal seine Familie sehen. Seine Tagebuchaufzeichnungen lassen erkennen, daß er das Ende nahen fühlt:

2. Mai. Sehr krank. 3. Schlechtes. Wetter. Zuhause. Melancholisch. 5. Zuhause geblieben. O Gott! Wie langweilig. 9. Entsetzlich asthmatisch. O Gott! 13. Kaffe getrunken, ganz zuwider. Oratorium dirigiert. 16. Schreckliche Nacht. Fieber. 19. Sehr gute Nacht. Ziemlich wohl. Um 5 zu Planché, mit ziemlichem Appetit gegessen. Gottlob. Seit Monaten ein ganz guter Tag. 21. (Sonntag). Nach Richmond auf der Themse gefahren. Wetter und alles ziemlich günstig, und ich ziemlich wohl. 26. Sehr unwohl, so erschüttert. Um 8 ins Konzert. Ging alles sehr gut. Ich hielt es mit der größten Not aus. Um $^1/_2$12 nachhause. Senfpflaster auf die Brust. Entsetzliche Beängstigung. Sehr leer. Alles um mich, Kind, Göschen pp. Um 1 ins Bett. 27. Süße Nacht. Ziemlich wohl. Ganzer Tag sehr erträglich. 29. Neuen Reiseplan entworfen. Ziemlich guter Tag. Senfstrich um 10 Uhr genommen. 30. Verbot nicht mehr zu schreiben. Mittag mit Smart. Sehr unwohl, gar kein Atem. Früh entsetzliche Hitze. 4–5 Kälte. Ouvertüre Freischütz dirigiert. Gut. Übrigens ganz außer mir. Fürstenau half sehr. Um 10 Uhr zuhause. 1. Juni. Sehr krank. Garkein Atem. Mittag mit Smart. Abends Kind. Stumpf, Fürstenau zum Tee. Die Butler gesetzt wie meine Hand 2. Gute sanfte Nacht. Im Bett bis 12 Uhr. Sehr matt. Laxiert immerfort. Abends Göschen und Fürstenau. 3. Mittelmäßige Nacht. Immerfort laxiert alle Stunden . . .[132]

Am 4. Juni saß Weber mit Smart, Göschen, Fürstenau und dem Arzt Dr. Kind bis gegen zehn Uhr abends zusammen, trank Portwein und sprach über die vorverlegte Reise nach Dresden. Als Weber zu Bett gegangen war, blieben die Freunde noch bis Mitternacht im Hause. Am Morgen des 5. Juni vermißte ein Nachbar Webers regelmäßigen Morgengruß. Fürstenau wurde benachrichtigt. Schließlich brach man die Tür zu Webers Zimmer auf, da sich drinnen nichts rührte. Weber lag in seinem Bett und schien in eine tiefe Ohnmacht gefallen. Aber der herbeigerufene Arzt stellte den Tod fest, der zwischen ein und zwei Uhr nachts eingetreten sein mußte. Die Todesursache ist durch zwei ärztliche Gutachten bekannt:

Bei der Untersuchung der Leiche des C. M. von Weber fanden wir ein Geschwür an der linken Seite des Kehlkopfs. Die Lungen waren fast gänzlich in krankhaftem Zustand, mit zum Teil eitrigen Tuberkeln und zwei Kavernen, von denen eine ungefähr eigroß, die andere etwas kleiner war. Damit ist die Todesursache hinlänglich geklärt.

F. Jencken, M. D.

Chas. F. Forbes, M. D. P. M.

Kind, M. D.

Wm. Robinson, Surgeon.

19 Great Portland Street

5. Juni, 5 Uhr[133]

Weber in London. Anonyme Skizze, 1826

Die letzte Seite aus Webers Tagebuch.
Mit Eintragungen Webers und seiner Frau, 1826

Bei der Untersuchung der Leiche von Carl Maria von Weber bot sich uns folgender Befund. Ein Geschwür am Kehlkopf links, die Lungen voll von großen und kleinen Tuberkeln, manche davon in eitrigem Zustand – zwei Kavernen im linken Lungenflügel – die eine etwa von der Größe eines Hühnereis, die andere etwas kleiner; auf der Oberfläche der linken Lunge waren zwei blasenartige Erscheinungen, die ich zuerst für Hydatiden hielt – die eine von Walnußgröße, die andere etwa so groß wie eine Haselnuß. Sie erklären sich aus dem Zerplatzen der Luftzellen der Lunge; die umhüllende Membram füllte sich folglich mit Luft. Ähnliche Erscheinungen finden sich häufig in den Lungen dämpfiger Pferde.

Montag abend, 5. Juni 1826
Hochachtungsvoll
Chas. F. Forbes.[134]

Am 21. Juni 1826 wurde Weber in einem feierlichen Begräbnis in der Kirche zu Moorfields beigesetzt.

Vierzehn Jahre später wurde Webers Sarg durch Zufall entdeckt. Ein gewisser Dr. Gambihler ließ 1841 in der Zeitschrift «Europa» einen Artikel erscheinen, der die Überführung von Webers Sarg forderte. Es bildeten sich Komitees, aber nichts geschah. Besonders der sächsische Hof hat sich mit der Äußerung unsterblich gemacht, daß man keinen Präzedenzfall schaffen wollte; sonst müßten ja alle sächsischen Kapellmeister, die außerhalb Dresdens gestorben wären, zurückgeführt werden.

1844 bemühte sich Webers Nachfolger in Dresden, Richard Wagner, um die Sache. Es wurden Gelder gesammelt und das Komitee konnte schließlich die Überführung veranlassen.

Im Hamburger Hafen machte am 25. Oktober die «John Bull» fest. Webers Sarg sollte auf der Elbe weiter nach Dresden transportiert werden. Da der Fluß bei Wittenberg zugefroren war, wurde der Sarg auf die Eisenbahn verladen. Am 15. Dezember fand die Trauerfeier zur Beisetzung in der heimatlichen Erde statt. Viele Reden wurden gehalten, bedeutende und weniger bedeutende. Auch Richard Wagner sprach. Seine Worte waren sicher ehrlich empfunden, wenn sie auch heute pathetisch anmuten.

Vielleicht hätte man damals statt der vielen Reden und Ehrenbezeigungen nur einen Satz zitieren sollen, den Weber an den Schluß seiner biographischen Skizze von 1818 gestellt hat:

Wenn sie einmal einen Stein über meine Hülle legen, so werden sie mit Wahrheit darauf schreiben können: «Hier ruht einer, der es wahrhaft redlich und rein mit Menschen und Kunst meinte.»[135]

Denn mit dieser von ihm aufgestellten, gar nicht so selbstverständlichen Rangfolge *Mensch – Kunst* hat Weber uns etwas sehr Entscheidendes über seine Persönlichkeit mitgeteilt.

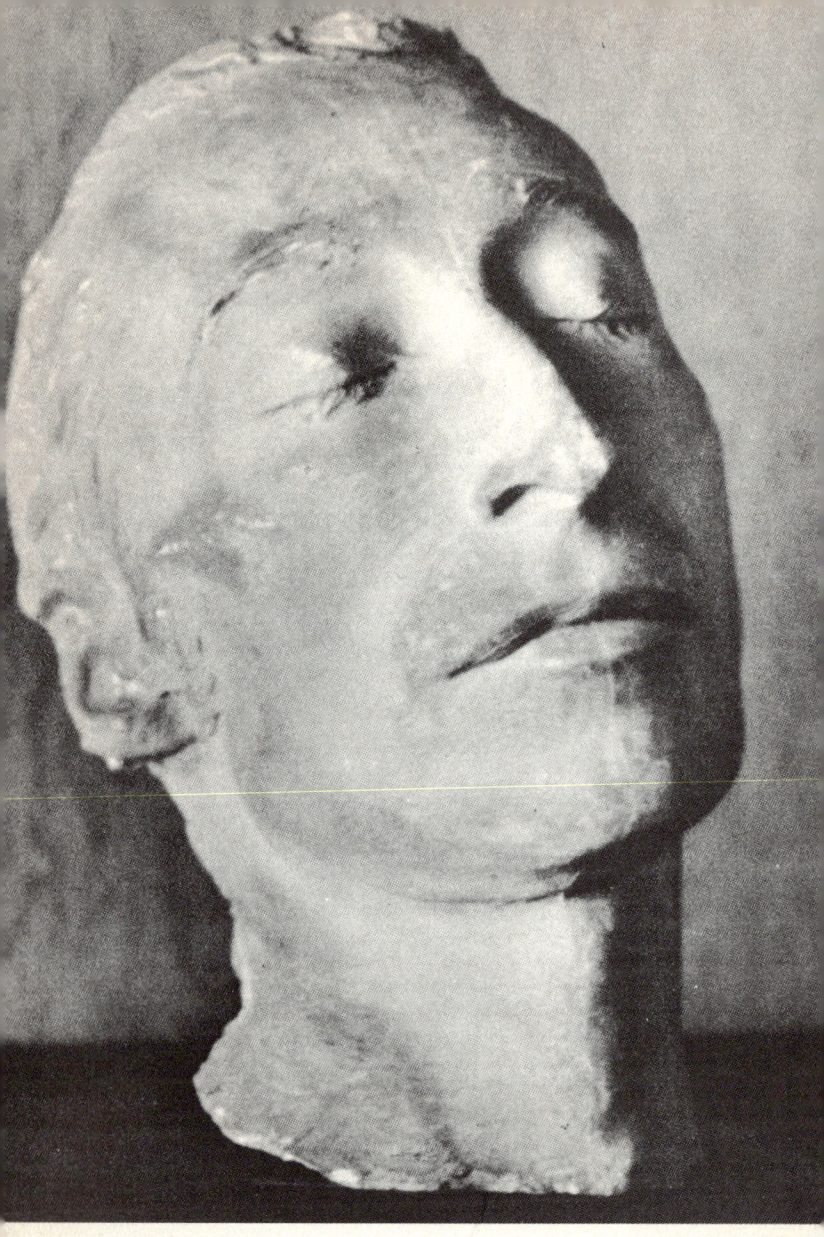

Die Totenmaske

Anmerkungen

Es werden folgende Abkürzungen verwendet

MMW	Max Maria von Weber: «Carl Maria von Weber. Ein Lebensbild in drei Bänden». Leipzig 1864–1866 (1. und 2. Bd. Biographie, 3. Bd. Gesammelte Schriften)
Tagebuch	Weber-Nachlaß. Staatsbibliothek Berlin
Jähns	Friedrich Wilhelm Jähns: «Carl Maria von Weber in seinen Werken». Berlin 1871
Lichtenstein	Hinrich Lichtenstein: «Briefe von Carl Maria von Weber an H. L.» Braunschweig 1900
Dünnebeil	Hans Dünnebeil: «Carl Maria von Weber. Ein Brevier». Berlin 1949

1 Hans Pfitzner: «Gesammelte Schriften» Bd. 1. Augsburg 1926. Darin: «Was ist uns Weber?»
2 Ebd.: «Webers Freischütz»
3 Julius Kapp: «Carl Maria von Weber. Eine Biographie». Berlin 1944
4 «Außer der Wolfsschlucht böhmische Dörfer». In: «Die Welt» vom 5. Juni 1976
5 Wilhelm Heinrich Riehl: «Musikalische Charakterköpfe» Bd. 2. Stuttgart 1862. S. 274f
6 MMW Bd. III, S. 175f. – «Als Probe von Webers Darstellungsweise in dieser Gattung mitgeteilt.» [Der Herausgeber]
7 MMW Bd. I, S. 19f
8 Ebd., S. 5
9 Ebd., S. 24. – «Der Knabe kränkelte viel, besonders quälte ihn ein örtliches Leiden, das seinen Sitz im Obertheil des Schenkelknochens gehabt zu haben scheint. Er wurde vier Jahre alt, ehe er selbständig gehen lernte, und jede angestrengte Bewegung machte ihm Schmerz. Dieses Leiden hat sich nie ganz verloren und war Ursache des später an Weber bemerkten Lahmgehens auf dem rechten Fuße.»
10 Ebd., S. 27f
11 Ebd. Bd. III, S. 176
12 Ebd. Bd. I, S. 36.
13 Ebd., S. 36f
14 Ebd. Bd. III, S. 176f
15 «Allgem. Mus. Zeitung» (Leipzig) 1798, Jg. I, S. 32
16 MMW Bd. I, S. 40. – Brief an seinen Lehrer Heuschkel, 1798
17 MMW Bd. III, S. 176f
18 Ebd., S. 177
19 Johann Michael Haydn am 2. Juni 1802 in: «Gerbers Neuem Lex. d. Ton-

kunst». Leipzig 1813. – Jähns, S. 44
20 MMW Bd. III, S. 177f
21 Weber an Ignaz Susann, einem Freund, der in Salzburg lebte. Wien, am 2. April 1804
22 Johann Baptist Gänsbacher (1778–1844): Autobiographie. Ungedruckt, zit. in August Schmidt: «Denksteine», 1848, S. 121f. – G. war österr. Komp., Mitschüler W.s und Meyerbeers. Seit 1823 Kapellm. am Stefansdom in Wien
23 Maximilian Schlesinger: «Geschichte des Breslauer Theaters», 1898
24 MMW Bd. I, S. 109f
25 Jähns, S. 65: Brief an Johann Friedrich Rochlitz. Prag, am 15. März 1815. – Rochlitz (1769–1842), Musikschriftsteller, Organist, Komponist, Herausgeber der «Allg. Musikalischen Zeitung», die er bis 1819 redigierte
26 MMW Bd. III, S. 179
27 Ebd. Bd. I, S. 131
28 Ebd., S. 144f, 19. Juli 1809
29 Ebd., S. 161
30 Ebd., S. 228f
31 Ebd., S. 289f, Bern, am 22. September 1811
32 Lichtenstein: Aufzeichnungen, Berlin im Juni 1833. S. 1f
33 MMW Bd. I, S. 409, 27. März 1813
34 Ebd., S. 415
35 Ebd., S. 470
36 Tagebuchaufzeichnung. Mitgeteilt in: MMW Bd. I, S. 421f
37 Ebd., S. 427
38 Ebd., S. 434
39 MMW Bd. III, S. 94f
40 MMW Bd. I, S. 501. An Gottfried Weber: Prag, 2. Februar 1816
41 Ebd., S. 545f
42 MMW Bd. II, S. 41
43 Ebd., S. 43f
44 Ebd., S. 48
45 Ebd., S. 47
46 Ebd., S. 50
47 Lichtenstein, S. 60f
48 MMW Bd. II, S. 57. An Caroline: Januar 1817
49 MMW Bd. III, S. 126f
50 Eduard Genast: «Aus dem Tagebuch eines alten Schauspielers» Bd. 2. S. 23f
51 Sächsisches Landeshauptarchiv, Dresden
52 MMW Bd. II, S. 84f (Hier stark gekürzt wiedergegeben)
53 Ebd., S. 82f
54 Ebd., S. 340f
55 «Reisebriefe von C. M. v. W. an seine Gattin Caroline». Leipzig 1886. S. 100
56 MMW Bd. III, S. 19f
57 Ebd., S. 151f, 2. Juni 1817
58 1824 mitgeteilt. Nach Jähns entstammt der Stoff des Schauspiels der ersten von zwölf Novellen des Cervantes (Madrid, 1613). Wolff, Goethes berühmter Schauspielschüler, hat das Stück schon 1811 geschrieben und in Leipzig aufgeführt
59 MMW Bd. III, S. 273, 275. *Tonkünstlers Leben*
60 Ebd., S. 242f
61 Ebd., S. 303
62 Ebd., S. 303. Gemeint ist der Komponist Joseph Gelink

63 Chaisenträger sind Möbelspediteure in Dresden, die auf Klavier- und Flügel-transporte spezialisiert sind
64 MMW Bd. III, S. 230f. Datiert vom 25. Dezember 1821. Vollständiger Abdruck
65 Riehl, a. a. O., S. 263
66 MMW Bd. III, S. 245
67 Jähns, S. 284
68 Ebd., S. 333
69 Jähns, S. 248. Komponiert am 4. Mai 1818 zu Dresden. – Wie beliebt Weber als Liedkomponist war, zeigt die Widmung «C. M. v. W. – dem Meister des deutschen Liedes gewidmet», mit der Wilhelm Müller seine Gedichtzyklen (später von Schubert vertont) «Die schöne Müllerin» und «Winterreise» Weber zueignete
70 An Friedrich Wieck, den Vater Clara Schumanns, München, 13. August 1815 in: MMW Bd. III, S. 81f
71 Lichtenstein, S. 82f, 14. Mai 1818
72 Ebd., S. 95
73 Ebd., S. 97
74 Jähns, S. 309
75 Friedrich Kind: «Freischützbuch». Leipzig 1843. S. 122f
76 Ebd.
77 Ebd.
78 Johann August Apel und Friedrich Laun gaben das «Gespensterbuch» 1810 in Leipzig bei Göschen heraus. Teil 1 enthält die Volkssage vom «Frei-schützen»
79 Kind: «Freischützbuch» 1843
80 MMW Bd. II, S. 66. Weber an Caroline, 3. März 1817
81 Bei Kind/Weber: Kuno
82 Bei Kind/Weber: Max
83 Bei Kind/Weber: Agathe
84 Beachtenswert ist, daß die ersten Freischütz-Bearbeitungen und Parodien aus dem süddeutschen Raum stammen
85 Franz Xaver von Caspar (1772–1833), Kurpfalzbayerischer Regierungs- und Münchner Hofrat
86 Carl Borromeus Neuner (1773–1830), sein Leben und seine Musik zur Tragödie «Der Freischütz». Diss. München 1933 von Gottfried Mayerhofer
87 Veröffentlicht als «Offener Brief» in der Zeitschrift «Flora» 52 (1824)
88 Zit. n. G. Mayerhofer: «Abermals vom Freischützen». Regensburg 1959
89 Bei Kind/Weber: Samiel
90 MMW Bd. II, S. 70
91 Dünnebeil, S. 242
92 Jähns, S. 309
93 Graf Carl von Brühl (1772–1837) von 1815 bis 1828 Intendant der Königli-chen Schauspiele in Berlin, empfahl am 28. Mai 1820 die Titeländerung in «Der Freischütz». Kind und Weber akzeptierten
94 Gaspare Spontini (1774–1851) seit 1. September 1819 «Erster Capellmeister und General-Musikdirector» in Berlin. Von König Friedrich Wilhelm pers. ernannt
95 Hermann Abert: «C. M. v. W. und sein Freischütz». 1926
96 Kleinecke: «Ausgew. Schriften C. M. v. W.s». S. 55
97 J. C. von Lobe: «Fliegende Blätter für Musik» Bd. I. Leipzig 1855
98 Ebd.

99 Abert, a. a. O., S. 25
100 Jähns, S. 311
101 MMW Bd. II, S. 329f
102 Lichtenstein, S. 106f
103 Ebd., S. 123f
104 Der Impresario des Kärntnertortheaters zu Wien, Domenico Barbaja, erteilte Weber den Auftrag
105 Lichtenstein, S. 109. Dresden, 31. Januar 1822
106 «Neue Zeitung f. Musik», 13, Nr. 1–6, 9–11, Juli/August 1840. Bericht von Helmina de Chézy über ihre Arbeit an *Euryanthe*
107 Dünnebeil, S. 164f
108 Ebd., S. 165
109 MMW Bd. II, S. 458f
110 Julius Benedict: «C. M. v. Weber». 1881. S. 87
111 Benedict, a. a. O., S. 87f u. MMW Bd. II, S. 510f
112 Lichtenstein, S. 133f
113 MMW Bd. II, S. 633f. Für die Berliner Aufführung hat W. ein Pas de cinq als Ballett-Einlage komp. (nach Nr. 21)
114 Benedict, a. a. O., S. 61
115 Ebd., S. 101
116 Lichtenstein, S. 215f
117 MMW Bd. II, S. 632
118 Ebd.
119 Ebd., S. 641
120 Berlin 1879
121 MMW Bd. II, S. 589f
122 Ebd.
123 Lichtenstein, S. 221
124 Jähns S. 422
125 «Richard Strauss Jahrbuch 1954» (Herausgeber Willi Schuh)
126 Tagebuch: Februar 1826 Abreise/Paris
127 Hector Berlioz: «Mémoires». Paris 1969
128 Tagebuch: März 1826 Abreise nach London
129 «Reisebriefe», a. a. O., S. 96f
130 Tagebuch: April 1826 London
131 John Edmond Cox: «Musical Recollections» Bd. I. 1872. S. 132
132 Tagebuch: Mai 1826/Juni 1826 London
133 Dokumente über Webers Aufenthalt und Tätigkeit usw. befinden sich im Britischen Museum, London
134 Ebd.
135 MMW Bd. III, S. 180

Zeittafel

1786 Carl Maria Friedrich Ernst von Weber wird am 20. November in der Stadt-kirche von Eutin getauft. Sein Geburtsdatum ist wahrscheinlich der 18. oder 19. November. – Die Eltern: Stadtmusikus Franz Anton von Weber und Frau Genovefa, geb. Brenner

1787 Im Mai verläßt die Familie Eutin. Ein unruhiges Wanderleben beginnt. Franz Anton von Weber leitet eine eigene Schauspieltruppe

1796 In Hildburghausen/Werra erhält Carl Maria ersten Klavierunterricht bei Johann Peter Heuschkel

1797 Kompositionsunterricht bei Johann Michael Haydn in Salzburg

1798 Opus I erscheint bei Mayr in Salzburg: *Sechs Fughetten*. Webers erste Oper: *Die Macht der Liebe und des Weins*. Am 13. März stirbt Webers Mutter

1799 Kompositionsunterricht bei Johann Nepomuk Kalcher. Gesangsunterricht bei Johann Valesi (Wallishauser) in München. *Große Messe Es-Dur (Jugendmesse)*

1800 Webers zweite Oper: *Das Waldmädchen*. Übersiedlung nach Freiberg i. Sachsen, wo die *6 Variationen für Klavier op. 2*, entstehen und *Das Waldmädchen* aufgeführt wird

1801 Umzug nach Chemnitz, dann nach Salzburg. Fortsetzung der musikalischen Studien bei Johann Michael Haydn. Webers dritte Oper: *Peter Schmoll und seine Nachbarn*; *Klavierstücke op. 3* und *op. 4*

1802 Reise nach Norddeutschland, auch nach Eutin. Begegnung mit Johann Heinrich Voß. Weber läßt sich in Augsburg nieder

1803 Aufführung des *Peter Schmoll* in Augsburg. Übersiedlung nach Wien. Dort Musikstudien bei Abt Vogler

1804 Kapellmeister in Breslau. – Kompositionen für Klavier und für Violine und Klavier. Drei Stücke aus *Rübezahl* (Opernfragment)

1806 Verlust der Singstimme. Niederlegung des Kapellmeisteramtes. Musikleh-rer in Breslau. Einladung auf Schloß Carlsruhe in Schlesien als Musikinten-dant. Zwischen 14. Dezember und 28. Januar 1807 Komposition der *Sinfonien Nr. 1* und *Nr. 2 in C-Dur*

1807 Weber verläßt Carlsruhe und begibt sich nach Stuttgart in den Dienst von Herzog Ludwig von Württemberg. Die Reise nach Stuttgart verbindet er mit einer Konzerttournee

1808 Klavierwerke. Komposition der Oper *Silvana* (Libretto nach der verschollenen Oper *Das Waldmädchen*)

1809 *Klavierquartett*. Musik zu Schiller/Gozzi *Turandot*

1810 Verhaftung Webers wegen einer Geldangelegenheit. Ausweisung aus Würt-temberg. Aufenthalt in Heidelberg, Mannheim und Darmstadt. Im Septem-ber Aufführung der *Silvana* in Frankfurt a. M. mit Webers späterer Frau, Caroline Brandt, in der Titelrolle. *Klavierkonzert C-Dur, op. 11.* Beginn der Komposition des *Abu Hassan* (Oper in einem Akt)

1811 Uraufführung des *Abu Hassan* am 4. Juni in München. Komposition der Ouvertüre *Beherrscher der Geister*
1812 Konzertreisen nach Gotha, Weimar, Dresden, Berlin. Tod des Vaters in Mannheim. *Klavierkonzert Es-Dur, op. 32*
1813 Kapellmeister und Direktor der Oper in Prag
1814 Verlobung mit der Sängerin Caroline Brandt
1815 Vorübergehende Auflösung der Verlobung. Sommer in München
1816 *Große Sonate für Pianoforte d-moll, op. 49*; *Große Sonate für Pianoforte As-Dur, op. 39*
1816 Verlobung mit Caroline Brandt. – Berufung als Königlich Sächsischer Hofkapellmeister an die Oper in Dresden
1817 Beginn der Arbeit am *Freischütz*. Am 4. November Heirat mit Caroline Brandt
1818 Erster Aufenthalt in Hosterwitz (bei Dresden) – Sommerhaus der Familie Weber. *Jubelkantate, op. 58*; *Jubelouvertüre, op. 59*
1819 *Rondeau brillante für Klavier in Es-Dur, op. 62*; *Aufforderung zum Tanz, op. 65*
1820 Am 13. Mai ist die Komposition des *Freischütz* beendet. Arbeit an der komischen Oper *Die drei Pintos*. Konzertreise nach Norddeutschland und Dänemark
1821 *Konzertstück f-moll, op. 79*. – Uraufführung der *Preziosa* am 14. März in Berlin. – Uraufführung des *Freischütz* am 18. Juni in Berlin. – Beginn der Arbeit an *Euryanthe*
1822 Aufführung des *Freischütz* in Dresden. Reise nach Wien. Geburt des Sohnes Max Maria, der die erste Biographie Carl Maria von Webers schreiben wird
1823 Besuch bei Beethoven in Baden bei Wien. – Uraufführung der *Euryanthe* am 25. Oktober in Wien
1824 Weber erhält den Auftrag, für London eine Oper zu schreiben: *Oberon* nach Wieland. – Kur in Marienbad
1825 Arbeit am *Oberon*. Kur in Bad Ems. Weber bei Goethe in Weimar. *Euryanthe* in Berlin. Geburt des zweiten Sohnes Alexander Victor Maria
1826 Reise nach England. Uraufführung des *Oberon* unter Webers Leitung in London am 12. April. Weber dirigiert zwölf Wiederholungsvorstellungen. – Weber stirbt in der Nacht vom 4. auf den 5. Juni in London. Am 21. Juni wird er in der Kirche von Moorfields beigesetzt
1844 Überführung des Sarges nach Dresden, wo Weber am 15. Dezember in der Familiengruft beigesetzt wird. Richard Wagner hält die Grabrede. – Webers Sohn Alexander Victor Maria stirbt
1852 Webers Frau stirbt am 23. Februar
1951 Gründung der «Eutiner Sommerspiele» zu Ehren Carl Maria von Webers

Zeugnisse

Ernst Theodor Amandeus Hoffmann

Wenn andere ängstlich ringen und streben, so scheint Weber mit der Muse vertraulich zu scherzen, und doch weiß er ihr immer ihre besten Gaben abzulocken, denn er ist ihr Liebling.

«Vossische Zeitung», 26. Juni 1821

Heinrich Heine

Der ganze *Freischütz* ist vortrefflich gut und verdient gewiß jenes Interesse, womit er jetzt in ganz Deutschland aufgenommen wird. Hier ist er vielleicht schon zum 30. Male gegeben, und noch immer wird es erstaunlich schwer, zu einer Vorstellung desselben gute Billette zu bekommen. In Wien, Dresden, Hamburg machte er ebenfalls Furore.

Briefe aus Berlin. 1822

Franz Grillparzer

Gestern wieder in der *Euryanthe* gewesen. Diese Musik ist scheußlich. Dieses Umkehren des Wohllautes, dieses Notzüchtigen des Schönen würde in den guten Zeiten Griechenlands mit Strafen von seiten des Staates belegt worden sein. Solche Musik ist polizeiwidrig, sie würde Unmenschen bilden, wenn es möglich wäre, daß sie nach und nach allgemein Eingang finden könnte. Diese Oper kann nur Narren gefallen, oder Blödsinnigen oder Gelehrten, oder Straßenräubern und Meuchelmördern.

Wien. 1823

Robert Schumann

Geschwärmt haben wir wie lange nicht. Die Musik ist noch viel zu wenig erkannt und anerkannt. Es ist Herzblut, sein edelstes, was er hatte; ein Stück Leben hat ihm die Oper gekostet – gewiß. Aber auch unsterblich ist er durch sie. Eine Kette glänzender Juwelen vom Anfang bis zum Schluß. Alles höchst geistreich und meisterhaft.

Über «Euryanthe». 23. September 1847

141

Hector Berlioz

Der Komponist hat den kindischen Forderungen der Mode und den noch gebieterischeren Forderungen der Sängereitelkeit in beiden Werken nirgends auch nur im geringsten nachgegeben. Er hat seine schlichte Wahrhaftigkeit, seine stolze Ursprünglichkeit, seinen Haß gegen den Formelkram, seine Würde dem Publikum gegenüber, dessen Beifall er durch keine feige Herablassung erkaufen wollte, seine Größe ebenso im *Freischütz* wie im *Oberon* bewahrt.

Memoiren. 1870

Peter I. Tschaikowsky

Es gibt wohl schwerlich einen Komponisten, dessen musikalische Individualität so originell, eigenständig und gleichzeitig so sympathisch wäre. Das Sympathische an Webers Musik besteht vor allem in der Wärme, in der Unmittelbarkeit der Eingebung, in dem vollständigen Fehlen von Künstelei und technischer Anstrengung.

September 1873

Claude Debussy

Er erforscht die Seele der einzelnen Instrumente und legt sie mit behutsamer Hand bloß. Sie offenbaren sich ihm und geben ihm mehr, als er gefordert hatte. Auch bewahren seine kühnsten Klangkombinationen, wenn er absichtlich symphonisch wird, noch die individuelle Klangfarbe, die den einzelnen ursprünglich war, so wie Farben, die übereinandergemalt sind und sich nicht vermischen und in ihrer gegenseitigen Wirkung ihre Individualität eher noch verstärken als vernichten.

Igor Strawinsky

Weber ist einer meiner Lieblingskomponisten. Ich habe mir eine fotografische Abbildung der Partitur seiner «Turandot»-Ouvertüre herstellen lassen. Ein genial instrumentiertes Stück. Ich liebe Webers Fagottkonzert, seine Kammermusik, seine Klavierwerke, seine Opern. Welche Tragik, daß dieser Künstler zu Tode geärgert wurde. Weshalb hört man seine Musik so selten?

Gespräch mit Erwin Kroll, 1932

142

Werkverzeichnis (Auswahl)

(Nach Friedrich Wilhelm Jähns: Chronologisch-thematisches Verzeichnis aller Werke, Berlin 1871, das ähnlich wie das Köchelverzeichnis [KV] erarbeitet wurde. Die Opuszahlen wurden, soweit angegeben, beibehalten. J. = Jähnsverzeichnis)

Opern

Das Waldmädchen (J. Anhang 1). Oper in 2 Akten. Text von Karl Ritter von Steinsberg

Peter Schmoll und seine Nachbarn (J. 8). Oper in 2 Aufzügen. Text nach C. G. Cramers gleichnamigem Roman von Joseph Türk

Rübezahl (J. 44–46). Oper in 2 Aufzügen. Text von J. G. Rhode, nach einem Volksmärchen. Fragment

Silvana (J. 87). Romantische Oper in 3 Akten. Text von Franz Carl Hiemer, nach dem Libretto *Das Waldmädchen*

Abu Hasan (J. 106). Singspiel in 1 Akt. Text von Franz Carl Hiemer, nach *Tausendundeine Nacht*

Der Freischütz (J. 277). Romantische Oper in 3 Aufzügen. Text von Friedrich Kind, nach Apel und Launs *Gespensterbuch*

Euryanthe (J. 291). Oper in 3 Aufzügen. Text von Helmina de Chézy nach einer französischen Romanze

Oberon (J. 306). Romantische Oper in 3 Akten. Text von James Robinson Planché, nach Wielands romantischem Heldengedicht in der englischen Übersetzung von Sotheby

Die drei Pintos (J. Anhang 5). Oper in drei Aufzügen. Text von Theodor Hell [Karl Winkler] nach der *Novelle* von Carl Seidel. Unvollendet. Textrevision von Carl von Weber und Gustav Mahler, musikalisch ergänzt mit Weberschen Kompositionen und instrumentiert von G. Mahler

Bühnenmusik

Musik zu Turandot, Schauspiel in 5 Akten von Friedrich von Schiller, nach Gozzis Komödie *Turandotte*. Ouvertüre und 6 Nummern (op. 37; J. 75). 1809

Musik zu A. Müllners Trauerspiel in 5 Akten *König Yngurd*. 10 Nummern und ein Lied für eine Singstimme (Mezzosopran) ohne Begleitung «Lasst den Knaben nicht den Raben!» (J. 214). 1817

Musik zu Moretos Lustspiel *Donna Diana*, Solo für zwei Gitarren (in J. 220). 1817

Musik zu Eduard Gehes Trauerspiel in 5 Akten *Heinrich IV.*, *König von Frankreich*, 8 Nummern (J. 237). 1818

Scene und Arie für Sopran «Was sag ich? Schaudern macht mich der Gedanke!», in Cherubinis Oper *Lodoïska* (op. 56; J. 239). 1818. Chor (zwei Soprane und Baß), «Heil dir, Sappho!», in Grillparzers Trauerspiel *Sappho* (J. 240). 1818

Lied für eine Singstimme mit Begleitung des Pianoforte oder der Gitarre «Ein Mädchen ging die Wies' entlang», in Friedrich Kinds idyllischem Schauspiel *Der Abend am Waldbrunnen* (op. 71, Nr. 2; J. 243). 1818

Musik zu August Rublacks Schauspiel in 1 Akt *Lieb' um Liebe*, 4 Gesangsnummern, Marsch und Melodram (J. 246). 1818

Chor «Agnus Dei» für 2 Soprane und Alt und Blasinstrumente, in Georg Graf von Blankensees Trauerspiel *Carlo* (J. 273). 1820

Musik für die Harfe zu E. v. Houwalds Trauerspiel *Der Leuchtthurm*, 4 Nummern (J. 276). 1820

Ouvertüre und 11 Nummern zu Pius Alexander Wolffs Schauspiel in 4 Akten *Preciosa* (J. 279). 1820

Ouvertüre (zu *Silvana*), Orchester-Satz (Adagio seiner Ersten Symphonie) und 5 Chöre, in Ludwig Roberts Festspiel «Den Sachsen Sohn vermählet heute» (J. 289). 1822

Musik und Rezitativ «Doch welche Töne steigen jetzt hernieder» für Baß und Sopran, in Spontinis Oper *Olympia* (J. 305). 1825 [Vgl. auch Bearbeitungen]

Konzertarien

Rezitativ und Rondo «Il momento s'avvicina» («Ja, der Augenblick erscheinet») für eine Sopranstimme und Orchester (op. 16; J. 93). 1820

Scena et Aria d'Atalia «Misera me!» («O wehe mir!») für eine Sopranstimme und Orchester (op. 50; J. 121). 1811

Scena ed Aria «Qual altro attendi» für eine Tenor-Stimme mit Chor (2 Tenöre und ein Baß) und Orchester (J. 126). 1811. Der Text aus Metastasios *Demetrio*, Akt III, Szene 8

Scena ed Aria d'Ines de Castro «Signor, se padre sei» («Ist dir der Sohn noch theuer») für eine Tenor-Stimme mit zwei Chören und Orchester (Erstes op. 53; J. 142). 1812

Scena ed Aria dell'Opera Ines de Castro «Non paventar mia vita» («Laß jeden Zweifel entschwinden!») für eine Sopranstimme und Orchester (op. 51; J. 181). 1815

Geistliche Musik

Messe Es-dur («Jugendmesse») für 4 Solostimmen (Sopran, Alt, Tenor, Baß) und vierstimmigen gemischten Chor und Orchester. 1802

Messe Es-dur («Missa Sancta Nr. 1») für 4 Solostimmen (Sopran, Alt, Tenor, Baß) und vierstimmigen gemischten Chor und Orchester (J. 224). 1818

Offertorium «Gloria et honore» für Solo-Sopran und vierstimmigen gemischten Chor und Orchester, zur Missa Sancta Nr. 1 (J. 226). 1818

Offertorium «In die solemnitatis» für Solo-Sopran und vierstimmigen gemischten Chor und Orchester, zur Missa Sancta Nr. 1 (J. 250). 1818

Messe G-dur («Missa Sancta Nr. 2») für 4 Solo-Stimmen und vierstimmigen Chor und Orchester (op. 76; J. 251). 1819

Kantaten

Der Erste Ton, Gedicht von Fr. Rochlitz mit Musik zur Deklamation und Schluß-chor für Sopran, Alt, Tenor und Baß (op. 14; J. 58). 1808

Hymne «In seiner Ordnung schafft der Herr» für 4 Solo-Stimmen (Sopran, Alt, Tenor, Baß), vierstimmigen gemischten Chor und Orchester. Text von Fr. Rochlitz (op. 36; J. 154). 1812

Kampf und Sieg, Kantate zur Feier der Vernichtung des Feindes im Juni 1815 bei Belle-Alliance und Waterloo für 4 Solo-Stimmen (Sopran, Alt, Tenor, Baß) und vierstimmigen gemischten Chor und Orchester. Text von Wohlbrück (op. 44; J. 190). 1815

L'Accoglienza (Der Fest-Empfang), Kantate in occasione del felice Imeneo delle A. A. J. J. e R. R. Leopoldo di Toscana e Maria Anna Carlina di Sassonia für 6 Solo-Stimmen (2 Soprane I, 1 Sopran II, 1 Tenor, 2 Bässe) und gemischten Chor und Orchester. Text von Celani (J. 221). 1817

Natur und Liebe (vgl. Unbegleitete Chorwerke und mehrstimmige Lieder)

Jubel-Kantate, Gedicht von Friedrich Kind, für 4 Solo-Stimmen (Sopran, Alt, Tenor, Baß) und vierstimmigen gemischten Chor und Orchester (op. 58; J. 244). 1818

«Du, bekränzend uns're Laren» für 4 Solo-Stimmen (2 Soprane, Tenor, Baß) und vierstimmigen gemischten Chor mit Begleitung des Pianoforte und der Flöte. Text von Friedrich Kind (J. 283). 1821

Soloinstrumente und Orchester

Romanza siciliana per il Flauto principale (J. 47). 1805

Sechs Variationen für die Alt-Viola über das Thema «A Schüsserl und a Reind'rl» (J. 49). 1806

Grand Pot-Pourri pour le Violoncelle (op. 20; J. 64). 1808

Andante und Rondo Ungarese für die Alt-Viola (J. 79, in der Umarbeitung J. 158). 1809

Variationen für das Violoncell (J. 94). 1810

Grand Concerto en Ut majeur (Nr. 1) pour Piano-Forté (op. 11; J. 98). 1810

Concertino für Clarinette (op. 26; J. 109). 1811

Concert für Clarinette. Nr. 1 in f-moll (op. 73; J. 114). 1811

Adagio und Rondo für das Harmonichord (J. 115). 1811

Concert für Clarinette. Nr. 2 in Es (op. 74; J. 118). 1811

Concert für das Fagott in F-Dur (op. 75; J. 127). 1811, umgearbeitet 1822

Grand Concerto Nr. 2 Es-Dur pour le Piano-Forte (op. 32; J. 155) 1812

Andante e Rondo Ungarese per il Fagotto principale (op. 35; J. 158), Umarbeitung von J. 79). 1813

Concertino für Horn mit Orchester (op. 45; J. 188). 1815

Concert-Stück für das Pianoforte (op. 79; J. 282). 1821

Orchesterwerke

Sinfonia in C, Nr. 1 (op. 19; J. 50). 1807

Sinfonia in C, Nr. 2 (J. 51). 1807

Grande Ouverture à Plusieurs Instruments, auch genannt *Ouvertüre zu Peter*

Schmoll, auch *Ouverture pour les Fêtes musicales d'Allemagne*, auch *Concert-Ouvertüre*, auch *Ouvertüre in Es* (op. 8; J. 54). 1807
Ouvertüre zum Beherrscher der Geister, auch *Ouvertüre zu Rübezahl* genannt (op. 27; J. 122). 1811
Deutscher (J. 185). 1815
Tedesco (J. 191). 1816
Jubel-Ouvertüre (op. 59; J. 245). 1818

Musik für Blasinstrumente

Tusch für 20 Trompeten (J. 47 a). 1806
Walzer (mit Webers Liede *Maienblümlein* als Trio) für Flöte, 2 Klarinetten, 2 Hörner, Trompete und 2 Fagotte (J. 149). 1812
Marcia vivace für 10 Trompeten (J. 288). 1822
Marsch für Harmoniemusik (J. 307). 1826

Kammermusik

Grand Quatuor pour le Pianoforte, Violon, Alto et Violoncelle (J. 76). 1809
Grosses Quintett für Clarinette, 2 Violinen, Viola und Violoncell (op. 34; J. 182). 1815
Trio für Pianoforte, Flöte und Violoncello (op. 63; J. 259). 1819

Soloinstrumente und Klavier

9 Variations sur un Air Norvégien pour Pianoforte et Violon concertants (op. 22; J. 61). 1808
Six Sonates progressives pour le Pianoforte avec Violon obligé dédiées aux Amateurs (J. 99–104). 1810
Sieben Variationen für Clarinette und Pianoforte über ein Thema aus Webers Oper *Silvana* (op. 33; J. 128). 1811
Grand Duo concertant pour Pianoforte et Clarinette (op. 48, J. 204)
Divertimento assai facile per la Chitarre ed il Pianoforte (op. 38; J. 207). 1816

Klavierwerke zweihändig

Sechs Variationen für's Klavier oder Piano-Forte über ein Original-Thema (op. 2; J. 7). 1800
Douze Allemandes pour le Piano Forte (op. 4; J. 15–26). 1801
Sechs Ecossaisen fürs Forte Piano komponirt und zugeeignet Dem schönen Geschlecht in Hamburg (J. 29–34)
Huit Variations pour le Piano Forté sur l'Air de Ballet de Castor et Pollux par Mr. l'Abbé Vogler (op. 5; J. 40). 1804
Six Variations pour le Piano Forté avec accompagnement d'un Violon et Violoncello ad libitum sur l'air de Naga: Woher mag dies wohl kommen? aus Vogler's Oper Samori (op. 6; J. 43). 1804
Sept Variations pour le Piano Forté sur l'Air « Vien qua, Dorina bella» (op. 7; J. 53). 1807

Thème original, varié pour le Piano Forté (op. 9; J. 55). 1808
Momento capriccioso per il Pianoforte (op. 12; J. 56). 1808
Grande Polonaise pour le Pianoforte. In Es (Op. 21; J. 59). 1808
Grosse Sonate für Pianoforte. C-Dur. Nr. 1 (op. 24; J. 138). 1812
Sieben Variationen für das Pianoforte über die Romanze aus Méhul's Oper «Joseph»: «A peine au sortir de l'enfance» «Ein Knabe noch war ich an Jahren» (op. 28; J. 141). 1812
Sechs Favorit-Walzer der Kaiserin von Frankreich, Marie Louise (J. 143–148). 1812
Air Russe («Schöne Minka») *varié pour le Pianoforte* (op. 40; J. 179). 1815
Grosse Sonate für Pianoforte As-Dur. Nr. 2 (op. 39; J. 199). 1816
Grosse Sonate für Pianoforte d-moll. Nr. 3 (op. 49; J. 206). 1816
Sieben Variationen über ein Zigeuner-Lied (op. 55; J. 219). 1817
Rondo brillante per il Pianoforte («La Gaité») (op. 62; J. 252). 1819
Aufforderung zum Tanze. Rondo brillant für das Piano-Forte (op. 65; J. 260). 1819
Polacca brillante per il Pianoforte. Auch *Grande Polonaise brillante,* auch *«L'Hilarité»* genannt (op. 72; J. 268). 1819
Grosse Sonate für Pianoforte e-moll. Nr. 4 (op. 70; J. 287). 1822

Klavierwerke vierhändig

Six petites Pièces Faciles pour le Piano-Forte à quatre mains (op. 3; J. 9–14). 1801
Six Pièces pour le Pianoforte à quatre mains (op. 10; J. 81–86). 1809
Huit Pièces pour le Pianoforte à 4 mains (op. 60; J. 236, 242, 248, 253, 254, 264, 265, 266). 1819

Verschiedenes

Sechs Fughetten (op. 1; J. 1–6). 1798
[*Strafpredigt über die französische Musik*] «Französ'sche Musika» (Text von Weber? musikalischer Kommentar in einem Brief). Unbegleitet. 1801
Komisches musikalisches Sendschreiben «Theuerster Herr Kapellmeister» (Text von Weber, musikalischer Gruß an Danzi), für 1 Singstimme mit beziffertem Baß (J. 60). 1808
Melodie ohne Begleitung, für Heinrich Bärmann (J. 119). 1811
Kanon «Prost Neujahr!» (Text von Weber?; burlesker musikalischer Gruß in einem Brief an Gänsbacher), für 34 Singstimmen und 74 Fis-Trompeten [sic!] (Hirschberg 29). 1811
Vier Solfeggien für eine Singstimme (J. Anhang 67–70). 1818
Musik und Gesang «Du hoher Rautenzweig», zu einem Prolog von Theodor Hell [K. Winkler] für die Vermählung von Prinz Friedrich August von Sachsen mit Erzherzogin Caroline von Österreich (J. 271). [Vgl. auch Bearbeitungen] 1819
Bruchstück eines unbekannten Werks, nur 51 Takte Melodiestimme (J. Anhang 4). 1823
[*Vatergruss*] «Du gute, gute Mäzze» (Weber, Gruß an seinen Sohn Max in einem Brief an Caroline) (Hirschberg 68). 1823

Bearbeitungen

Klavierauszug der Oper *Samori* von Vogler (J. 39). 1803

Instrumentierung von 4 Liedern (Herzog Emil Leopold August von Gotha) für Blasinstrumente (J. 150–153). 1812

Umarbeitung und Instrumentierung des Duettes «Ein jeder Geck sucht zu gefallen» aus dem Singspiel von J. Weigl *Die Verwandlungen (oder Der Travestirte Aeneas)* für 2 Soprane und Orchester (J. 162). 1814

Instrumentierung und Bearbeitung der Ariette «Ihr holden Blumen» auch «O bau auf meine Treue nur» als Einlage in die Partie der Julie zum Singspiel *Die Verwandlungen* von Anton Fischer, für Sopran und Orchester (J. 163). 1814

Instrumentierung des Rezitativs und der Kavatine für Sopran von Paer «Von dir entfernt, Geliebter», als Einlage zu Méhuls Oper *Héléna*, für Sopran, Tenor und Orchester (J. 216). 1817

Arrangement von «God save the King»
1. Gesang für 4 Männerstimmen «Den König segne Gott» (Übersetzer unbekannt) (2 Tenöre, 2 Bässe) (J. 247). 1818?
2. Gesang für 4 Männerstimmen «Heil dir im Siegeskranz» (Textdichter unbekannt) (2 Tenöre, 2 Bässe) (Hirschberg 56). 1818?
3. «Du hoher Rautenzweig» (Textdichter unbekannt) für vierstimmigen gemischten Chor und 6 Blasinstrumente (J. 271). 1819. Vgl. auch Verschiedenes und unter *Jubel-Ouvertüre*

Zehn Schottische National-Gesänge, von C. M. v. Weber versehen mit Vorspielen, Gesangsbegleitungen und Nachspielen für Flöte, Violine, Violoncello und Pianoforte (J. 295–304). 1825
1. «The soothing shades of gloaming» («O komm, Geliebter, weile nicht») (Pringle)
2. *The Troubadour* «Glowing with love» (»Dir Vaterland gehört mein Schwert») (Scott)
3. «O poortith cauld» («Ich weiss ein Mägdlein») (Burns)
4. *Bonny Dundee* «True-hearted was he» («Was brauch' ich des Mondes») (Burns)
5. «Yes, thou may'st walk» («Wo ich auch wandle») (Richardson)
6. «A soldier am I» («Ein Soldat, wie der König») (Smyth)
7. «John Anderson, my jo» («Komm, lass uns herzlich plaudern») (Burns)
8. «O my luves's like the red, red rose» («Mein Mädchen ist so rein und hold») (Burns)
9. «Robin is my joy, my dear» («Wie der Himmel fest gegründet») (Vedder)
10. «Whar hae ye been a'day» («Dein bin ich!») (Machnell)

Bibliographie

DÜNNEBEIL, HANS: Schriften über Carl Maria von Weber. Berlin 1957 [Ein umfangreiches Verzeichnis der Weber-Literatur]

WEBER, MAX MARIA VON: Carl Maria von Weber – ein Lebensbild. 3 Bde. Leipzig 1864–1866

WEBER, CARL MARIA VON: Hinterlassene Schriften in drei Bänden. Hg. von THEODOR HELL. Dresden–Leipzig 1828

Reisebriefe von Carl Maria von Weber an seine Gattin Caroline. Hg. von CARL VON WEBER. Leipzig 1886

Briefe von Carl Maria von Weber an Hinrich Lichtenstein. Hg. von ERNST RUDORFF. Braunschweig 1900

Briefe von Carl Maria von Weber an den Grafen Brühl. Hg. von GEORG KAISER. Leipzig 1911

77 bisher ungedruckte Briefe Carl Maria von Webers. Hg. von LEOPOLD HIRSCHBERG. Hildburghausen 1926

KAISER, GEORG: Sämtliche Schriften von Carl Maria von Weber. Berlin–Leipzig 1908

JÄHNS, FRIEDRICH WILHELM: Carl Maria von Weber in seinen Werken. Chronologisch-thematisches Verzeichnis seiner sämtlichen Kompositionen. Berlin 1871

DÜNNEBEIL, HANS: Carl Maria von Weber. Verzeichnis seiner Kompositionen. Berlin 1947

Carl Maria von Weber. Leben und Werk, dargestellt in chronologischer Tafel. 1953

Carl Maria von Weber. Ein Brevier. Berlin 1949

REISSMANN, AUGUST: Carl Maria von Weber. Berlin 1883

DEGEN, MAX: Die Lieder Carl Maria von Webers. Freiburg i. B. 1924

HEFELE, FRIEDRICH: Die Vorfahren Carl Maria von Webers. Karlsruhe 1926

KROLL, ERWIN: Carl Maria von Weber. Potsdam 1934

RAABE, PETER: Wege zu Weber. Regensburg 1942

KAPP, JULIUS: Carl Maria von Weber – eine Biographie. Berlin 1944

SCHNOOR, HANS: Weber auf dem Welttheater. Dresden 1942

Weber – Gestalt und Schöpfung. Dresden 1953

LAUX, KARL: Carl Maria von Weber. Leipzig 1966

WARRACK, JOHN: Carl Maria von Weber – eine Biographie. Hamburg 1972

BENEDICT, JULIUS: Carl Maria von Weber. 1881

LOBE, J. C. VON: Fliegende Blätter für Musik Bd. 1. Leipzig 1855

BECKER, WOLFGANG: Die deutsche Oper in Dresden unter der Leitung Carl Maria von Webers. 1962

ZENTNER, WILHELM: Carl Maria von Weber. Olten–Freiburg i. B. 1952

MOSER, HANS JOACHIM: Carl Maria von Weber. Leben und Werk. Leipzig 1955

KIND, FRIEDRICH: Das Freischützbuch. Leipzig 1843

MAYRHOFER, GOTTFRIED: Abermals vom Freischützen – Der Münchner Freischütz von 1812. Regensburg 1959

RIEHL, WILHELM HEINRICH: Weber als Klavierkomponist. Leipzig 1860

WALTERSHAUSEN, HERMANN VON: Der Freischütz. München 1920

PFITZNER, HANS: Was ist uns Weber? – Webers Freischütz. In: Gesammelte Schriften Bd. 1. Augsburg 1926

SCHÖNFELDT, BRUNO: Carl Maria von Weber und Eutin. Eutin o. J.

25 Jahre Oper im Schloßpark. Hg. von ULRICH WENK. Eutin 1975

Discographie

(Auswahl der Gesamtaufnahmen)

Ariola – Eurodisc:
Abu Hassan   1 LP: 80608 mit Göhler, Schreier, Hallstein, Adam; Staatskapelle Dresden – Heinz Rögner
Der Freischütz   3 LP: 75607 mit Watson, Schädle, Ollendorf, Nicolai, Frick, Schock, Böhme, Lang, Meisel; Orchester der Deutschen Oper Berlin – Lovro von Matacic
Symphonie Nr. 1 C-Dur, op. 19   1 LP: 86472 Staatskapelle Dresden – Otmar Suitner

Phonogram:
Klarinettenquintett B-Dur, op. 34   1 LP: 802863 LY
Mitglieder des Berliner Philharmonischen Oktetts
Konzert für Klarinette Nr. 1 f-moll, op. 73   1 LP: 894124 ZKY
Konzert für Klarinette Nr. 2 Es-Dur, op. 74
Michallik; Dresdner Staatskapelle – Kurt Sanderling
Symphonie Nr. 1 C-Dur   1 LP: 6500154
New Philharmonia Orchestra – Wilfried Boettcher
Konzertstück f-moll, op. 79 für Klavier und Orchester
Magaloff; London Symphony Orchestra – Colin Davis

Deutsche Grammophon Gesellschaft:
Konzert für Klarinette Nr. 1 f-moll, op. 73   1 LP: 136550
Leister; Berliner Philharmoniker – Rafael Kubelik
Sonaten für Klavier   1 LP: 2530026 Q
Nr. 2 As-Dur, op. 39 und Nr. 3 d-moll, op. 49
Dino Ciani
Oberon   2 LP: 2726052 Serie Privilege mit Augér, Nilsson, Hamari, Schiml, Domingo, Grobe, Prey; Chor und Symphonieorchester des Bayrischen Rundfunks – Rafael Kubelik – Dialogregie: Oscar Fritz Schuh
Der Freischütz   3 LP: 2720071 mit Janowitz, Mathis, Schreier, Adam, Crass, Vogel, Weikl, Leib; Staatskapelle Dresden – Carlos Kleiber
Ausgezeichnet mit dem Grand Prix du Disque – Orphée d'or – Prix Mondial du Disque
Der Freischütz   2 LP: 2726061 mit Seefried, Streich, Holm, Böhme, Kuen, Kreppel, Waechter, Peter; Chor und Symphonieorchester des Bayerischen Rundfunks – Eugen Jochum

EMI Electrola:
Euryanthe (Erstaufnahme) 4 LP: 1C 191-02 591/94 Q mit Norman, Hunter, Gedda, Krause, Vohel, Krahmer, Neukirch; Chor des Leipziger Rundfunks, Staatskapelle Dresden – Marek Janowski
Abu Hassan 1 LP: 1C 065-30148 Q mit Moser, Gedda, Moll, Brand, Forster, Renard; Chor und Orchester der Bayerischen Staatsoper München – Wolfgang Sawallisch
Der Freischütz 3 LP: 1C 065–28351/53 mit Anheisser, Weller, Nilsson, Köth, Berry, Gedda, Crass, Förster, Büttner; Chor und Orchester der Bayerischen Staatsoper München – Robert Heger
Der Freischütz 3 LP: 1C 183–30171/73 mit Prey, Wiemann, Grümmer, Otto, Kohn, Schock, Frick, Dicks, Hoppe; Chor der Deutschen Oper Berlin, Berliner Philharmoniker – Joseph Keilberth
Concertino für Klarinette und Orchester c-moll, op. 26 und Konzert für Klarinette Nr. 1 f-moll, op. 73 1 LP: 1C 063-01852
Peyer; New Philharmonia Orchestra – Rafael Frühbeck de Burgos
Divertimento für Gitarre und Klavier, op. 38 1 LP: 1C 187-29307
Bäuml, Klasinc
Jubel-Ouvertüre, op. 59 1 LP: 1C 047-01497
Philharmonia Orchestra London – Wolfgang Sawallisch
Thema und Variationen für Klarinette und Klavier, op. 33 1 LP: 1C 053-01961
Peyer, Moore
Variationen für Violoncello und Klavier, F-Dur 1 LP: 1C 053-01440 M
Feuermann, Moore
Bläserkonzerte 1 LP: 1C 053-28320
Konzert für Klarinette Nr. 1 f-moll, op. 73
Konzert für Fagott F-Dur, op. 75
Concertino für Horn e-moll, op. 45
Lancelot, Hongne, Barboteau; Bamberger Symphoniker – Theodor Guschlbauer

RCA Schallplatten GmbH:
Die drei Pintos (Erstaufnahme) 3 LP: 26.35125 FX mit Popp, Hollweg, Kruse, Lövaas, Prey, Moll, Grundheber, Scovotti; Nederlands Vocal Ensemble, Münchner Philharmoniker – Gary Bertini
Sinfonien Nr. 1 und Nr. 2 C-Dur 1 LP: 62.41417 AW
Ouvertüre und Marsch aus Turandot
London Symphony Orchestra – Hans-Hubert Schönzeler
Klavierkonzerte Nr. 1 C-Dur, Nr. 2 Es-Dur 2 LP: 26.48070 EK
und: Grand Potpurri, op. 20, Thema und Variationen über «A Schüsserl und a Reind'rl», Andante und Rondo ungarese
Frager, Bylsma, Moog; Sinfonieorchester des NDR Hamburg – Marc Andreae
Ouvertüre Beherrscher der Geister, op. 27 und andere Ouvertüren 1 LP: 26.41398 AS
Sinfonieorchester des NDR Hamburg – Marc Andreae

VOX/DPI:
Das gesamte Klavierwerk – Hans Kann; mit Rosario Marciano (Werke für Klavier zu 4 Händen) 6 LP: VOX 41100/41104

Namenregister

Die kursiv gesetzten Zahlen bezeichnen die Abbildungen

153

154

Über den Autor

Michael Leinert, geboren am 20. Oktober 1942 in Meldorf/Schleswig-Holstein, studierte Musik und Theaterwissenschaft. Als Dramaturg und Spielleiter war er in Stuttgart, Kiel und Braunschweig tätig. Seit 1976 ist er Dramaturg an der Hamburgischen Staatsoper. Auch als Librettist mehrerer Kammeropern hat er sich besonders für das zeitgenössische Musikschaffen eingesetzt.

Quellennachweis der Abbildungen